Dieter Bellmann

Unterwegs in Sachsen

Aufgeschrieben von
Liane Steinbrecher

Lehmstedt

Fotografien: Gerhard Weber, außer: S. 19 (Liane Steinbrecher),
S. 82 (Katrin Jeschke), S. 131 (Friseurmuseum Kottmarsdorf),
S. 134 (Hans-Dieter Kluge), S. 139, 142 (Günter Müller),
S. 245 (Jens K. Müller)

© Lehmstedt Verlag, Leipzig, 2016
www.lehmstedt.de

Satz und Gestaltung: Mareike Bardenhagen, Lehmstedt Verlag
Druck und Bindung: Schleunungdruck GmbH, Marktheidenfeld

ISBN 978-3-95797-044-2

Inhaltsverzeichnis

Es ist die Stadt von Adam Ries, dem deutschen Rechenmeister aus dem 16. Jahrhundert, der als »Vater des modernen Rechnens« gilt und hier eine private Rechenschule betrieb. Heute gibt das Adam-Ries-Haus Auskunft über Leben und Verdienste des Meisters. Und es lässt sich gut träumen in der Stadt: Die »Manufaktur der Träume« überrascht mit der größten und bedeutendsten Privatsammlung erzgebirgischer Volkskunst im deutschen Raum. Dieter Bellmann rechnet mit und träumt dabei.

Hier wird Gesundheit großgeschrieben! In der Kurstadt im Landkreis Leipzig können sich Patienten und Kurgäste in verschiedenen Reha-Kliniken erholen. Eine davon ist die Sachsenklinik, die beim Start der ARD-Serie »In aller Freundschaft« erster Drehort für die Außeneinstellungen war. Für »Mittagskurier« Dieter Bellmann ist die Reise also ein Heimspiel.

Ihr Schmuddel-Image ist die Industriestadt endgültig los. Das entdeckt auch Dieter Bellmann auf seiner Spurensuche nach Kunst und Kultur. Ob Oper, Industriemuseum, die Kunstsammlungen, Gunzenhauser-Museum oder Villa Esche – Chemnitz ist zu Recht die »Stadt der Moderne«. Und der »Mittagskurier« hält Zwiesprache mit dem »Nischel«, der dem früheren sächsischen Manchester die drei »o« verpasste: »Gorl-Morx-Stodt«.

Zweifelhaften Ruhm erlangte das Schloss von Colditz als Gefangenenlager für Offiziere der Alliierten im Zweiten Weltkrieg. Das Leben der Inhaftierten sorgte später für Roman- und Filmstoff. Bellmann mischt sich unter die Besucher des Museums auf Schloss Colditz, das über der Zwickauer Mulde thront. Im Ortsteil Zschadraß lässt er sich auf den Zahn fühlen und sieht sich beim »Behandlungstermin« im Dentalhistorischen Museum furchterregenden Instrumenten ausgeliefert.

Zu einem äußerst beschwingten, süffigen, aber auch informativen Erlebnis kann eine Wanderung auf der »Sächsischen Weinstraße« werden, die von Pirna Richtung Meißen führt. In dem kleinen Ort Diesbar-Seußlitz begegnet der Weinkenner Bellmann dem Bischof Benno von Meißen. Dessen Statue wacht noch heute in den Weinbergen am Elbufer, dort, wo Benno vor rund tausend Jahren die ersten Weinstöcke setzen ließ. Die Winzer von heute laden zu einer Kostprobe ein!

Ein Riesenstiefel lockt Dieter Bellmann in die Stadt im Landkreis Mittelsachsen. 3,70 Meter misst der Schaft des XXL-Schuhwerks, das Döbeln als »Stiefelstadt« bekannt gemacht hat. Der »Mittagskurier« nimmt sich beim Betrachten des Riesen viel Zeit und erfährt so Interessantes über die Geschichte der Schuhmacherinnung. Weitere Sehenswürdigkeiten des Ortes werden mit der Pferdebahn angesteuert, die hier immer noch für die Touristen fährt.

Dieter Bellmann ist auf seiner Sachsen-Tour in Dohna angekommen, dem »Tor zum Osterzgebirge«. Für den Schauspieler eine Rückkehr zu seinen Wurzeln – hier erblickte er an einem Julitag des Jahres 1940 das Licht der Welt. Gemeinsam mit dem MDR-Drehteam besucht er das Heimatmuseum und erklärt seinen Kollegen, warum Dohna zu den Strohdörfern gehört. Im Museum gibt es auch Informationen über die dramatischen Ereignisse in der so genannten »Kaisernacht« während der Befreiungskriege von 1813.

Es sei die schönste Stadt Deutschlands, kommen alle ins Schwärmen, die beschließen, nach Görlitz zu ziehen. Und das sind nicht gerade wenige! Einmalige Baudenkmale und eine wunderschön sanierte Altstadt machen die östlichste Stadt Deutschlands auch für Touristen interessant. Und für Filmproduzenten und Regisseure! Deshalb hat sich »Gerltsch«, wie die Einheimischen sagen, auch den Beinamen »Görliwood« verdient und patentieren lassen. Dieter Bellmann besucht die beliebtesten Drehorte der Stadt.

Zu Richard Wagners Zeiten galt der kleine Ort in der Nähe von Pirna als Geheimtipp für alle, die Erholung in der Sommerfrische suchten. Also wanderte auch der Komponist an der Elbe entlang und durch den Graupaer Tännicht in die beschauliche Ortschaft. Hier fand er Ruhe und Inspirationen, unter anderem für seinen »Lohengrin«. Heute pilgern Touristen und Musikfreunde in Scharen nach Graupa und besuchen die Wagner-Gedenkstätten. Der »Mittagskurier« schließt sich ihnen an.

Das Erzgebirgsdorf punktet mit einem der skurrilsten Museen, die Dieter Bellmann mit seinem Drehteam auf den Reisen durch Sachsen ausfindig machen konnte: dem »Museum für Nummernschilder und Verkehrs- und Zulassungsgeschichte«! Hinter diesem etwas sperrigen Namen verbirgt sich eine wahre Fundgrube an Auto-Kennzeichen aus aller Welt. Mehr noch, die Vereinsmitglieder, die die Schau zusammengetragen haben, präsentieren auch die dazu gehörigen Geschichten. Auto-Fan Bellmann ist begeistert!

Eine richtige »Kasperei« wird der Besuch in Hohnstein, und das im besten Sinne des Wortes. Hier treffen die Fernsehleute auf den Erfinder des bekannten Kaspers und Begründer des Hohnsteiner Puppenspiels, Max Jacob. Da werden für Schauspieler Dieter Bellmann nicht nur Erinnerungen an das geliebte Kaspertheater aus Kindheitstagen wach, sondern auch an seine Anfänge als junger Schauspieler. In Hohnstein stand er für die Serie »Rote Bergsteiger« zum ersten Mal vor einer Fernsehkamera!

Es muss nicht immer die Ostsee sein! So die einhellige Meinung aller Wasserratten und Badejünger, die das Leipziger Neuseenland für sich entdeckt haben – und der schließt sich Dieter Bellmann gern an. Insbesondere der Hainer See begeistert ihn. Neben vielen Möglichkeiten der aktiven Erholung hat der kleine Ort Kahnsdorf in Sachen Kultur Erstaunliches zu bieten: Mittelpunkt eines idyllisch gelegenen Parks ist das Schillerhaus, ein Kleinod, das zu unterschiedlichen Veranstaltungen einlädt.

Ein wirklich hübsches Nest im Lausitzer Bergland mit allem, was der gestresste Großstädter braucht. Frische Luft, viel Wald und ein kleiner Berg, auf dem sich die Flügel alter Mühlen im Winde drehen – das ist »Khotmersdorpp«, also Kottmarsdorf auf Hochdeutsch! Die Mitglieder des Vereins Natur- und Heimatfreunde setzen alles daran, um viele Urlauber und Wanderer zu begeistern. Sie organisieren Mühlenfeste, laden zum Schaubacken ein und tischen original Lausitzer Gerichte auf. Dieter Bellmann haben sie überzeugt!

Kein Bach, kein Goethe, kein Völkerschlachtdenkmal und auch nicht die diversen Musentempel konnten den »Mittagskurier« hinterm Ofen hervorlocken. Er will vielmehr wissen, in welchen Lokalitäten der Kaffee am besten schmeckt und wo der schönste Kaffeeklatsch erzählt wird. Dabei verrät Dieter Bellmann auch, welches sein Lieblingscafé ist, wo welche Spezialitäten kredenzt werden und dass mitten in Leipzig ein Kaffeemuseum Einblicke in die Geschichte des »Türkentrunks« gewährt.

9

Viele dicke Schneeflocken haben den »Musikwinkel« im Vogtland in eine wunderbare Winterlandschaft verzaubert, als Bellmann & Co. in Markneukirchen ankommen. Leider bleibt
nicht viel Zeit, den Traum in Weiß zu genießen, schließlich
muss ein umfangreiches Besichtigungsprogramm »abgearbeitet« werden. Und das führt unter anderem ins Musikinstrumenten-Museum, wo von der Minigeige bis zur Maxituba alles
geboten wird, was klingt.

Die Tour ins »Suppenland« wird für Suppen-Feinschmecker
Dieter Bellmann zum besonderen Erlebnis. Da, wo sich das
Sehmatal von seiner schönsten Seite zeigt, werden die besten
Suppen gekocht und serviert, nämlich in Neudorf. Pfiffige
Hausfrauen gründeten dort vor Jahren das Suppenmuseum
und laden nun zum Verkosten ein. Seitdem reißt der Besucher-
strom nicht mehr ab. Und wenn die Suppe des Jahres gekrönt
wird, dann kommen besonders viele hungrige Gäste.

Kann es Pirna mit Dresden aufnehmen? Durchaus, findet Dieter Bellmann. Immerhin gibt es hier auch einen Canaletto-
Blick. Gemeint ist der Marktplatz der Stadt, wie ihn der Italiener Bernardo Bellotto im 18. Jahrhundert gemalt hat. Und Pirna hat das Tom-Pauls-Theater, für das man sich am besten ein
Jahr im Voraus Karten reservieren lässt. Pauls alias Ilse Bähnert
ist hier Kult und für Bellmann ein lieber Kollege, mit dem er
im Café »Ilse« verabredet ist. Zwei Kaffee-Sachsen unter sich!

Rabenau bei Freital, interessant für Touristen? Und ob! Hier befindet sich das Deutsche Stuhlbaumuseum. Rund 750 Ausstellungsstücke belegen, dass in der Stadt seit Jahrhunderten Stühle gebaut werden. Rabenau ist die älteste Stuhlbaustadt Deutschlands. Seit 1922 werden die schönsten Modelle gesammelt und im Museum präsentiert. Darunter auch die berühmten Thonet-Stühle, die als Wiener-Kaffeehaus-Stühle weltbekannt wurden. Probesitzen für Dieter Bellmann in Rabenau!

Die Ortschaft gehört zu den kleinsten, die der »Mittagskurier« besucht hat. Klein, aber oho, könnte man sagen, denn Schellerhau ist im Winter wie im Sommer ein gefragtes Reiseziel im Erzgebirge. Und deshalb fährt Dieter Bellmann auch zweimal hin! Schließlich hat er es der »Semmelmilda« versprochen, die im Sommer mit den Urlaubern Kräuter sammelt oder Führungen durch den großen Botanischen Garten macht und im Winter die Pferde vorm Schlitten anspannen lässt und allerlei kuriose Geschichten erzählt.

Unmittelbar an der Grenze zu Tschechien liegt an der Elbe im Nationalpark Sächsische Schweiz das Dorf Schmilka, in dem sich bereits im 16. Jahrhundert Flößer, Steinmetze, Köhler, Pechsieder und Waldarbeiter ansiedelten. 1665 kam ein weiterer Berufszweig dazu: ein Müller. Im 19. Jahrhundert stillgelegt, dreht sich seit einigen Jahren wieder das Mühlrad der Schmilkschen Mühle. Dort ist Dieter Bellmann verabredet.

Noch immer liegt über dem vogtländischen Schöneck ein bisschen blauer Dunst! Der nimmt zu, je näher man dem Heimat- und Zigarrenmuseum kommt. Es befindet sich in einem der ältesten Häuser der Stadt, diente lange Zeit als Hospital und Obdachlosenunterkunft, war Armenküche, später Jugendherberge und Kindergarten. Nun erfahren hier die Besucher, denen sich Dieter Bellmann und sein Fernsehteam anschließen, alles über die Stadtgeschichte, zu der auch das Kapitel Zigarrenproduktion gehört.

Hier kennt sich Dieter Bellmann aus: Sebnitz, die Stadt, in der er die Schulbank drückte, das Abitur machte und im Schülertheater erste Bühnenluft schnupperte. Auf seiner »Mittagskurier«-Reise macht er natürlich Station in der »Kunstblume«, wie der international bekannte Hersteller von Papier- und Seidenblumen gern genannt wird. Und er schaut beim Pfarrer-Ehepaar Mütze vorbei, das aus der Blockstube seines Umgebindehauses eine »Kaukasusstube« gemacht hat. Bellmann verrät, warum.

Zwischen all den Pyramiden, Lichterbögen und Weihnachtskrippen, die unbedingt zur Spielzeugstadt Seiffen gehören, haben es Dieter Bellmann die so genannten »Reifentiere« angetan. Sie entstehen durch die besondere Arbeitstechnik des Reifendrehens. Und einer, der dieses Handwerk bestens beherrscht, ist Christian Werner. In dessen Werkstatt trifft der Schauspieler auch »Dusdav«, das kleine Rentier, das den sächsischen Olympiateilnehmern von Vancouver 2010 als Maskottchen Glück gebracht hat.

Stolpen, das Städtchen, das der Reichsgräfin Cosel zum Schicksalsort wurde, kennt Dieter Bellmann wie seine Westentasche! Das Wohnhaus seiner Großeltern am Markt steht noch. Als Fünfjähriger erlebte er, wie Soldaten der Roten Armee nach Kriegsende mit ihren Panzern auf dem Platz vorfuhren. Die Erinnerungen daran sind noch immer gegenwärtig. Heute freut sich der Schauspieler, dass Stolpen mit der Burg ein beliebtes Ziel für Touristen ist.

Auf dem »Malerweg« erreichen Bellmann und das Drehteam den Erholungsort Struppen in der Sächsischen Schweiz. Dabei wandeln sie auf den Spuren der großen Romantiker wie Caspar David Friedrich oder Carl Maria von Weber, die hier auf Schusters Rappen unterwegs waren und sich von der einmaligen Landschaft inspirieren ließen. Später ließ sich im Struppener Ortsteil Naundorf der Maler Robert Sterl nieder. Sein Wohnhaus ist Museum und lädt zum Verweilen ein.

Zwei große Türme ragen in der Nähe der Mulde weit ins Land und verkünden allen, die sich auf der Landstraße aus dem nicht weit entfernten Leipzig nähern: Sie haben Wurzen erreicht, die Stadt, in der die beliebten Brezeln, Salzstangen und Erdnussflips hergestellt werden! Eine weitere, wenn auch ganz anders geartete »Wurzener Berühmtheit« ist ein Mann, der hier 1883 auf die Welt kam: Hans Gustav Bötticher, der spätere Joachim Ringelnatz. Bellmann mag dessen Gedichte und Geschichten und wandelt mit Vergnügen auf dem Ringelnatzpfad durch die Stadt.

In der Adventszeit spendiert Dieter Bellmann seinem Team Bratwurst und Zuckerwatte auf dem Weihnachtsmarkt der Schumann-Stadt. Am Zwickauer Dom wartet eine Überraschung: Mannshoch sind die Krippenfiguren, die der Bildhauer Jo Harbort geschaffen hat und die vor Jahren zu einem »Gastspiel« nach Rom eingeladen waren. Nach dem vorweihnachtlichen Stadtbummel wärmen sich die Fernsehleute im Johannisbad auf, einem im Jugendstil erbauten Wohlfühltempel mit langer Tradition.

Von Stolpen nach
1. Dresden   38 St.
2. Meissen   11 St.
3. Gerehausen   19 St.
   Oschatz   18 St.
5. Wurben   74 St.
6. Leipzig   30 St.
7. Merseburg   36 St.
12 Langensalza   72 St.
   Grentze
   Halle   38 St.
   Magdeburg   9 St.
2. Rossen   13 St.
3. Waldheim   18 St.
4. Colditz   22 St.
   Grimm   25 St.
   Leipzig   32 St.
4. Altenburg   49 St.
7. Neustadt   43 St.
10 Schleusingen 64 St.
2. Freyberg   11 St.
3. Chemnitz   18 St.
4. Zwickau   79 St.
6. Plauen   38 St.
   Grentze
7. Hoff   44 St.

1728

Vorwort

In jedem Ende liegt ein neuer Anfang.« Nachdem im April 2015 die letzte Folge der Städterätselreihe »Mittagskurier« in der Sendung MDR um Elf gelaufen war, hatten weder Dieter Bellmann noch ich Lust auf den wohlverdienten Ruhestand!

»Wollen wir nicht ein Buch schreiben über das, was wir auf unseren Reisen durch Mitteldeutschland erlebt haben; die schönsten Orte darin vorstellen und die interessantesten oder verrücktesten Geschichten festhalten?«, schlug der Schauspieler vor, der zehn Jahre lang die Reihe moderiert und präsentiert hatte.

Ich wollte! Und Verlagschef Mark Lehmstedt auch, mit dem wir schnell einig wurden, dass wir mit Sachsen, der Heimat von Dieter Bellmann, beginnen werden.

Wer allerdings eine Rundreise zu den berühmtesten Sehenswürdigkeiten des Freistaates erwartet, den müssen wir enttäuschen. Wir haben uns vor allem die kleinen, oft versteckten und manchmal auf den ersten Blick unscheinbaren Orte ausgesucht, und bei den größeren Städte die Augen offen gehalten nach den Geheimtipps.

Das war auch das Anliegen der Städterätselreihe, die ich dreizehn Jahre lang als Drehbuchautorin betreut habe. Zunächst mit Moderator Matthias Stein, der vom halleschen Schauspieler Karl-Fred Müller abgelöst wurde. 2005 hat dann »Professor

Simoni« übernommen. Für das Fernsehteam war es ein großes Glück, dass Dieter Bellmann, trotz seines Fulltime-Jobs als »Klinikchef«, immer Zeit gefunden hat, mit uns auf Entdeckungstour zu gehen. Es hat viel Freude gemacht, mit dem waschechten Sachsen unterwegs zu sein. Für unsere Arbeit konnten wir dank seiner Erfahrung im Fernsehgeschäft viel lernen, und wir profitierten von seinem Können als Regisseur und als Schauspieler. Wir haben uns köstlich amüsiert, wenn er in den Drehpausen Anekdoten aus seiner Zeit am Theater zum Besten gab. Und natürlich haben wir die »erzwungenen« Drehpausen genossen, wenn Dieter Bellmann, immer freundlich und geduldig, so ganz »nebenbei« Autogrammwünsche erfüllte. Denn es hatte wieder einmal jemand von der gegenüberliegenden Straßenseite gerufen »Das ist doch der Professor ...!« Nachdenklich stimmten uns manche Erinnerungen aus Bellmanns Kindheit. Wenn er zum Beispiel berichtete, wie er in Stolpen als Fünfjähriger an der Hand seiner Mutter den Feuerschein der Bomben sah, die über Dresden fielen, und er nicht begreifen konnte, was da geschah.

Es war eine sehr erfolgreiche Zeit. Die Einschaltquoten und die Zuschauermeinungen gaben uns recht: Wenn sich »Mittagskurier« Bellmann bei MDR um Zwölf, später dann MDR um Elf, meldete und mit Ratehinweisen in kleinen Trailern den Zuschauern auf die Sprünge half, den Ort zu erkennen, liefen die Telefonleitungen heiß. Eine Woche lang hatten die Zuschauer Zeit zum Raten. Freitags wurde der Gewinner live in der Sendung ermittelt und am Telefon zu einem Wochenende in die jeweilige Region eingeladen. An dieser Stelle sei den vielen Hoteliers und Pensionsbesitzern nochmals herzlich gedankt, die uns unterstützt haben und sich bereit erklärten, die Gewinner einzuladen!

Ganz besonders haben wir uns gefreut, wenn sich die Glückspilze nach ihrer Reise noch einmal bei uns meldeten. Begeistert und überrascht berichteten sie, dass sie ein bis dahin für sie völlig unbekanntes Stück Mitteldeutschland entdeckt hätten. Das war meistens der Fall, wenn Zuschauer angerufen und gewonnen hatten, die in den alten Bundesländern oder im hohen Norden zu Hause sind. So kam es, dass ein Gewinner aus Hessen völlig aus dem Häuschen war über seine Erlebnisse im Suppenmuseum im erzgebirgischen Neudorf. Vor allem die Rezepte von dort hätten es ihm angetan! Ein anderer Zuschauer, der offensichtlich zu den »Mittagskurier«-Stamm-Anrufern gehörte, meinte am Telefon: »Eure Sendung ist toll! Nur einen kleinen Nachteil hat sie: Wir können freitags mittags nicht mehr aus dem Haus gehen, weil wir dann die Auflösung verpassen!« Kann es ein schöneres Kompliment vom Zuschauer geben?

An ein oder zwei Jahre hatte Dieter Bellmann gedacht, als er das Angebot bekam, für den MDR als »Mittagskurier« in Sachsen, Sachsen-Anhalt und Thüringen unterwegs zu sein und Land und Leute vorzustellen. Daraus sind zehn Jahre geworden, und wir haben gemeinsam Orte kennengelernt, von denen wir nicht einmal ahnten, dass es sie überhaupt gibt. Und wie unvorstellbar vielfältig die Welt der Museen ist! Wir meinen nicht die großen, berühmten, bedeutungsvollen, sondern die kleinen mit den kuriosen, manchmal gar skurrilen Sammlungen. Auf unseren Reisen durch Mitteldeutschland haben wir so einige kennengelernt, etwa das Kaspermuseum in Hohnstein und das Dentalhistori-

Drehpause am Bachdenkmal vor der Leipziger Thomaskirche. Das Team des MDR-»Mittagskuriers«: Kameramann Alexander Hodam, Ton-Assistentin Simona Urban, Moderator Dieter Bellmann, Drehbuchautorin Liane Steinbrecher (v.l.n.r.)

sche Museum in Zschadraß, die Kaukasusstube in Sebnitz oder das erwähnte Suppenmuseum in Neudorf. Verrückt, oder?!

In den zehn Jahren mit Bellmann unterwegs haben wir in Sachsen, Sachsen-Anhalt und Thüringen fast 500 Folgen gedreht und gesendet. Das bedeutete auch für die Kollegen hinter der Kamera einen straff durchgeplanten 12-Stunden-Arbeitstag, denn die Oberlausitz oder das Erzgebirge liegen nun einmal nicht gleich um die Ecke. Dank und Anerkennung den jungen Kameraleuten, Ton-Assistenten und, nicht zu vergessen, den Cuttern im Schnitt! Allen voran Philipp Gehler, der immer die Ruhe bewahrte und nie den Überblick verlor, wenn wir unterwegs wieder viel zu viel gedreht hatten für acht Minuten Sendezeit! Aber es war eben soooo schön, und die Gespräche mit den Leuten vor Ort hörten sich so spannend an... Auch unser kreativer, kein Risiko scheuender Kameramann Alexander Hodam verdient ein großes Lob. Ebenso wie die Frau mit der schweren Tontasche, Simona Urban. Sie sorgte nicht nur für den guten Ton, sondern brachte uns mit dem Auto bei jedem Wetter und zu jeder Tages- und Nachtzeit sicher über Berg und Tal. Mit beiden waren wir in den letzten Jahren einfach ein Traum-Team!

Rückblickend haben Dieter Bellmann und ich versucht, eine Antwort auf die Frage zu finden, wo es denn nun am schönsten ist im Sachsenland. Vergeblich, es gibt keine Antwort! Jeder Ort, und sei er noch so klein, hat seinen ganz besonderen Reiz und seine eigene Geschichte, die es lohnt, entdeckt zu werden. In einem sind wir uns beide einig: Neben den Sehenswürdigkeiten bzw. dem Sehenswerten haben uns immer wieder die Menschen vor Ort beeindruckt. Mit viel Enthusiasmus, Liebe zur Sache, Einfallsreichtum und Fleiß setzen sie sich dafür ein, dass ein Stück Heimatgeschichte erhalten bleibt und bewahrt wird. Wir ziehen den Hut und sagen danke, dass sie uns Zeit geschenkt und unsere Entdeckerfreude geweckt haben. Und wir möchten ihnen zurufen: »Macht weiter so!«

Natürlich können die 27 Geschichten in diesem Buch kein vollständiges Bild zeichnen vom Sachsenland und der Vielfalt seiner Schönheit. Aber vielleicht folgen ja diesem »Erstlingswerk« weitere Reiseberichte aus Sachsen, Thüringen oder Sachsen-Anhalt.

Es war mir ein großes Vergnügen, bei den Verabredungen mit Dieter Bellmann bei Kaffee oder trockenem Weißwein (je nach Tageszeit!) zum Stift zu greifen, um gemeinsame Erinnerungen an zehn Jahre Zusammenarbeit beim MDR-»Mittagskurier« zu notieren und sie schließlich mit und für Reisebegleiter Dieter Bellmann hier festzuhalten.

Viel Spaß beim Schmökern! Wir laden Sie herzlich ein, sich mit Dieter Bellmann und dem Drehteam auf den Weg durch Sachsen zu machen.

Liane Steinbrecher

Annaberg-Buchholz

Von Leipzig aus fahren wir über die B 2, die B 95 und dann auf der A 72 in Richtung Chemnitz bis zur Ausfahrt Stollberg/ West. Das dauert 55 Minuten. Plus noch einmal 35 Minuten von der Autobahnausfahrt bis Annaberg-Buchholz, das macht nach Adam Riese insgesamt eine Fahrzeit von anderthalb Stunden! Zugegeben eine schlichte Aufgabe, aber der Rechenmeister hätte sich gefreut. Und wenn man auf dem Weg in seinen langjährigen Wohn- und Arbeitsort ist, dann muss man ganz einfach ein bisschen mit Zahlen jonglieren.

Wir kommen dann auch nach neunzig Minuten in Annaberg-Buchholz an und steigen vor dem Adam-Ries-Museum in der Johannisgasse aus. Gut, dass uns kein Stau aufgehalten hat und wir pünktlich zum Unterrichtsbeginn zur Stelle sind. Mit uns marschieren unsere Klassenkameraden in die Rechenschule. Mit großem Abstand bin ich der Älteste, aber da ich meinen Schulabschluss schon lange in der Tasche habe, laufe ich hier »außerhalb der Konkurrenz« und hebe so auch nicht den Altersdurchschnitt! Die Neun- bis Zehnjährigen müssen freilich genau aufpassen, denn am Ende möchten sie – wie alle Besucher – das Annaberger Rechendiplom in ihren Händen halten.

Die Schulstube sieht genauso aus, wie zu Ries' Zeiten. Vorn steht ein Mann mit schwarzem Mantel, weißem Hemd und einem großen schwarzen Hut – der Meister höchstselbst! Freundlich begrüßt er uns und fordert auf, recht fleißig mitzumachen. Gerechnet wir nach dem historischen Verfahren »auf Linien«, das Adam Ries entwickelt hat. Und um es gleich vorwegzunehmen: Wir haben alle das Klassenziel erreicht und verlassen als »Annaberg-diplomierte Mathematiker« die Rechenschule. Vor dem Klassenzimmer warten schon die nächsten, diesmal Touristen jenseits der Dreißig, und wir brechen auf zu einem Rundgang durch das Haus, in dem Ries tatsächlich gelebt und wo er 1522 eine private Rechenschule eröffnet hat.

In der jungen, vom Silbererzbergbau geprägten Stadt Annaberg begann Adam Ries an seinem mehr als 500 Seiten umfassenden Lehrbuch der Algebra zu arbeiten, das er nach zwei Jahren fertigstellte. 1525, so ist im Traubuch der Annaberger St.-Annen-Kirche vermerkt, heiratete er die Schlossermeistertochter Anna Leuber. Den Lebensunterhalt für die Familie verdiente er zunächst als Rezess-Schreiber mit Abrechnungen für die Erzgruben. Später war Ries Gegenschreiber, das heißt er prüfte diese Abrechnungen und sorgte dafür, dass der Landesherr seinen Anteil am Gewinn erhielt. Außerdem übernahm er verantwortliche Tätigkeiten in der sächsischen Bergverwaltung. So erarbeitete er im Auftrag der Stadt auch die so genannte »Annaberger Brotordnung«. Die hatte zu jener Zeit eine große Bedeutung, denn mit der rasanten Ent-

wicklung des Bergbaus zogen immer mehr Bergleute mit ihren Familien in die Stadt. Das hatte zur Folge, dass die Versorgung der Einwohner mit Lebensmitteln, vor allem mit Brot, gesichert werden musste. Also gab es das Brot zu Festpreisen: Es wurden Groschenbrote, Zweigroschenbrote und Pfennigsemmeln verkauft. Mit der Brotordnung wurde die Bevölkerung vor den Auswirkungen der Schwankungen der Getreidepreise geschützt und konnte sicher sein, dass die Brotlaibe konstant gleich groß blieben.

Dies alles und vieles mehr über das Leben von Adam Ries ist im Museum zu erfahren. Dort gibt es auch eine Schatzkammer, in der das weltweit einzige Exemplar der dritten Auflage von Ries' erstem Rechenbuch aufbewahrt wird. 1923 hatte das Adam-Ries-Museum das verschollen geglaubte Sammelwerk aus der Hauptbücherei des Königlichen Seminars in Plauen angekauft. Eine kleine Sensation!

Und sensationell ist auch das: Der Adam-Ries-Bund von Annaberg hat herausgefunden, dass gegenwärtig weltweit über 26 000 Nachfahren des Rechenmeisters bekannt sind. Darunter Leute wie du und ich, aber auch Politiker, Künstler und bekannte Sportler. Ries hatte zwei Söhne, Abraham und Paul. Und deren Nachfahren sind heute ebenfalls Mitglied im Bund, der 1991 gegründet wurde und es sich zur Aufgabe gemacht hat, das nationale kulturelle Erbe zu bewahren, das seinen Ausgangspunkt im Schaffen des Rechenmeisters hat. Seine Mitglieder richten wissenschaftliche Kolloquien zu Adam Ries und zu regionalen Themen aus und geben verschiedene Schriftenreihen heraus.

Bestimmt haben sich die Damen und Herren auch schon mit der Schreibweise des Namens des Rechenmeisters beschäftigt. Welche ist denn nun richtig, Ries oder Riese? Es gibt eine einfache Erklärung. Damals war die Schreibweise von Namen nicht so festgelegt, wie wir es heute kennen. Und so sind neben »Ries« auch Ris, Rise, Ryse und sogar Reyeß bekannt. Die Redewendung »nach Adam Riese« ist allerdings der Grammatik geschuldet: Zu Lebzeiten des Rechenriesen wurden die Namen noch dekliniert. Und da »nach« den Dativ verlangt, musste die Endung »e« angehängt werden. Heute ist das nicht mehr üblich. Aber eigentlich ist es doch auch gar nicht wichtig, schließlich geht es darum, dass die Rechnung stimmt, »nach Adam Ries(e)« ... Der

Meister widerspricht nicht und schaut weise drein mit seinem langen, gelockten Bart, als wir uns an seinem Denkmal vor dem Museum von ihm verabschieden.

Nach so viel Logik und Rechenkunst ist uns nach Träumen zumute! Und wo geht das besser als in einem Haus, in dem es einzig und allein um das Träumen geht, in einer »Manufaktur der Träume«!

Wir müssen gar nicht lange suchen. Kurz hinter dem Marktplatz der historischen Innenstadt entdecken wir die Museumsgasse, über die sich eine moderne Brücke aus Glas und Stahl spannt. Sie verbindet zwei alte, aufwendig sanierte Gebäude, hinter deren Fassaden die Besucher zum Staunen eingeladen werden. Über drei Etagen breitet sich da eine 1800 Quadratmeter große Museumslandschaft aus, in der man von ganz allein zu träumen beginnt …

Es war einmal ein alter Mann, der arbeitete als Friseurmeister in Oberwiesenthal. Er und seine Frau Marie sammelten leidenschaftlich gern Pyramiden, Lichterfiguren, Krippen, Räuchermänner und Nussknacker. Im Laufe vieler Jahre war eine über alle Maßen große Sammlung von erzgebirgischer Volkskunst entstanden. Diese vererbte Marie schließlich ihrer Enkelin Erika: Alles in allem anderthalbtausend wertvolle kleine Kunstwerke, angefertigt von geschickten Händen. Doch viel zu viel für einen allein, dachte die inzwischen erwachsene Erika und beschloss im Jahre 2005, dass ihre traumhaft schöne Sammlung alle sehen sollten, die Freude haben an Volkskunst und Kunsthandwerk, das aus dem sächsischen und böhmischen Erzgebirge kommt.

So fand diese umfangreichste und bedeutendste Privatsammlung ihrer Art den Weg nach Annaberg-Buchholz. Sie umfasst Volkskunst aus einer Zeitspanne vom 18. Jahrhundert bis zur Gegenwart, wobei die meisten Exponate zwischen 1890 und 1930 entstanden sind. Doch bevor Erika Pohl-Ströher, die heute in der Schweiz lebt, ihren Traum von einer Ausstellung für alle wahrmachen konnte, vergingen fünf Jahre. Am 29. Oktober 2010 wurde die »Manufaktur der Träume« endlich eröffnet. Zusammen mit den Stadtvätern und -müttern (Annaberg hatte eine Oberbürgermeisterin!) waren geeignete Räume gesucht und gefunden und ein Konzept erarbeitet worden. Geld für den Umbau musste in der Stadt, im Land und bei der EU »locker« gemacht werden, einen Teil steuerte die Sammlerin privat bei. Bis schließlich drei große LKW am Annaberger Markt vorfuhren und die vielen Figuren, Häuser und Pyramiden ihr neues Zuhause beziehen konnten. Und wie sich herausstellte, kamen und kommen die Besucher in Scharen, um zu träumen. Der Einhunderttausendste wurde schon ein Jahr nach der Eröffnung gezählt!

Da wird es Zeit, dass wir jetzt auch träumen, wenn auch nur kurz, denn auf uns warten weitere berühmte Bürger der Stadt. Am Anfang des Rundgangs durch die »Manufaktur der Träume« sind es Miniaturen in inszenierten Landschaften, die uns staunen lassen. Eine Etage weiter oben fangen wir unwillkürlich an, von Weihnachten zu träumen: Der mechanische Weihnachtsberg wird lebendig, wenn sich die kleinen Figuren zur biblischen Geschichte bewegen, Maria und Joseph im Stall ankommen und das Jesuskind in die Krippe legen ... Schön, dass die Besucher hier auch etwas von den Menschen erfahren, die all diese Wunderwerke geschaffen haben; von ihren Träumen, Fantasien und Inspirationen bei ihrer Arbeit. In der nächsten Etage geht der Blick nach oben, und das Staunen nimmt kein Ende! Prachtvolle erzgebirgische Pyramiden drehen sich. Leuchter, Deckenspinnen, Lichterfiguren und Engel schweben im Raum, tauchen in warmes Licht und werden dabei von himmlischen Chören begleitet. Wer da nicht träumen kann, ist selber schuld ...

Den beleuchteten Sternenhimmel aus der »Manufaktur der Träume« tauschen wir gegen einen echten blauen Himmel, mit richtig viel Sonnenschein: Wir sitzen auf dem schönsten Balkon der Stadt und genießen den Blick über die Dächer von Annaberg. Mit uns tun das auf der Terrasse des Erlebnismuseums auch andere Besucher, die sich über den tollen Ausblick auf die wunderschöne Landschaft des Erzgebirges freuen. Bilderbuchwetter für Kameraaufnahmen: Bei klarer Sicht sind Frohnau, der Ortsteil Buchholz, ja selbst der Fichtelberg und der Keilberg gut zu erkennen.

Wir konzentrieren uns auf die Straßen der Altstadt direkt unter uns und machen das »Haus des Gastes« ausfindig. Dorthin wollen wir gleich, zu Barbara Uthmann. Persönlich werden wir sie leider nicht mehr antreffen, denn die angesehene Unternehmerin und fürsorgliche Mutter von zwölf Kindern, eine Spitzen-Frau also, lebte im 16. Jahrhundert. Wobei das mit der Spitze durchaus wörtlich zu verstehen ist, denn die Uthmann hatte sich als meisterhafte Klöpplerin und Verlegerin von Spitze eine feste Führungsposition in der damals männerdominierten Welt erarbeitet. Im Erzgebirgsmuseum von Annaberg ist der Vorzeigefrau eine Dauerausstellung gewidmet.

Aber wir wollen sie, besser gesagt: ihr faszinierendes Handwerk in Aktion erleben und haben einen Schnupperkurs in der Klöppelschule im »Haus des Gastes« gebucht. In einem großen Raum stehen lange Tische mit vielen Stühlen, die darauf warten, dass die Klöppelschüler(innen) Platz nehmen. Für jeden liegt ein Klöppelkissen bereit mit Fäden und den dazugehörigen Klöppeln. Bevor ich mich setze, sehe ich mir in den Schaukästen an der Wand die zarten Gebilde von Spitzendecken und Fensterbildern, geklöppelte Freundschaftsbändchen und andere Schmuckstücke wie zum Beispiel die lustigen Bommelmännchen oder Wollblümchen an. In einem kurzen Text wird auch erklärt, wie Klöppeln funktioniert: »Grundprinzip ist das Drehen und Kreuzen von Fäden. Diese Einfachheit ermöglicht die größte Raffinesse und Vielfalt in den entstehenden Spitzenkunstwerken… So entstehen hauchzarte historische Spitzen wie Valencienne oder die repräsentative Klosterspitze, bildhafte Klöppelei oder moderne Schmuckobjekte aus Edelstahl- und Schwarzdraht.«

Unser Kameramann hat wohl meinen skeptischen Blick auf meine Hände gesehen und meint in seiner locker-jugendlichen Art: »Na, wird's ein Wochenendkurs oder doch eher ein mehrwöchiger Klöppelurlaub?«

Das alles wird hier den Interessenten angeboten, es gibt Kurse für Kinder, Jugendliche und Erwachsene, für Anfänger genauso wie für Fortgeschrittene. Ich gebe es zu: Ich bin zu ungeduldig und vielleicht auch zu ungeschickt, denn über das Knopfannähen hinaus reichen meine Handarbeitskenntnisse dann doch nicht. Tut mir leid, Frau Uthmann, aber man kann ja auch nicht alles können.

Bevor wir die Tür der Klöppelschule leise hinter uns zuziehen, schauen wir einer »Fortgeschrittenen« über die Schulter. In atemberaubender Geschwindigkeit fliegen die Klöppel über das Kissen und aus den Fäden entsteht ein neues »Spitzenteil«. Unglaublich und mir unerklärlich, wie das geht!

Da fühle ich mich im Eduard-von-Winterstein-Theater in der Buchholzer Straße doch eher zu Hause. Ich freue mich, dass das Mehrspartenhaus mit Schauspiel, Chor und Orchester noch existiert. Am 2. April 1893 war es als erstes Theater im Erzgebirge mit einer Festaufführung von Goethes »Egmont« feierlich eröffnet worden. Die Titelrolle spielte der berühmte Eduard von Winterstein, dessen Namen das Theater seit 1981 trägt. Knapp 300 Sitzplätze gibt es, dazu eine Studiobühne mit rund fünfzig Plätzen. Seit einigen Jahren gehört das Ensemble zur Erzgebirgischen Theater- und Orchester GmbH. Pro Spielzeit bringen Musiktheater und Schauspiel jeweils fünf bis sechs Neuproduktionen auf die Bühne. Außerdem sind die Kollegen viel unterwegs. Sie spielen unter anderem im Kulturhaus in Aue, im Naturtheater Greifensteine und in vielen anderen Erzgebirgsorten. So auch heute. Deshalb bleiben die Scheinwerfer aus, der Vorhang unten und die Theaterkantine geschlossen.

Jetzt einen Kaffee, denke ich, und freue mich über das Angebot unserer Autorin: »Zum Drehschluss lade ich Euch ins ›Schokogusch'l‹ ein, in das Café in der Manufaktur der Träume.« Auf dem kleinen Spaziergang dorthin erfahre ich, dass das früher das legendäre »Café Central« war. Die historische Ladeneinrichtung und die bemalte Glasdecke sind noch erhalten. Und die

»Caracas«-Torte ist nach wie vor die Spezialität des Hauses, sieht fantastisch aus und schmeckt auch so. Ich liebe es, wenn Drehtage so ausklingen.

Mein Tipp:
Ein Besuch von Annaberg-Buchholz wäre natürlich unvollständig, hätte man nicht die Annenkirche gesehen. Erbaut von 1499 bis 1525, ist sie eine der bedeutendsten spätgotischen Hallenkirchen Deutschlands. Zu den wertvollen Kunstschätzen, die hier besichtigt werden können, gehören die Kanzel des Bildhauers Franz Maidburg, der Annaberger Bergaltar von Hans Hesse, der Taufstein und die »Schöne Tür« von Hans Witten. Sensationell der Klang der unlängst restaurierten Walcker-Orgel aus dem Jahre 1884 mit ihren über 4000 Pfeifen und 65 Registern.
Zeit für einen Besuch im Erzgebirgsmuseum sollten Sie ebenfalls einplanen. Nicht nur wegen der Dauerausstellung über Barbara Uthmann. Hier werden Exponate der erzgebirgischen Volkskunst gezeigt, insbesondere Schnitz- und Klöppelarbeiten und Posamenten. Und Sie bekommen einen Einblick in die Geschichte der Stadt und des Silberbergbaus in der Region. Im Besitz des Museums befindet sich außerdem ein Bild aus der Werkstatt Lucas Cranach d. J. von 1572. Dem Museum angeschlossen ist das Besucherbergwerk »Im Gößner«.

Adam-Ries-Museum
  Johannisgasse 23, 09456 Annaberg-Buchholz, Di–Fr 10–16 Uhr, Sa/So 12–16 Uhr
Manufaktur der Träume
  Buchholzer Straße 2, 09456 Annaberg-Buchholz, täglich 10–18 Uhr, Führung Sa 14 Uhr
Eduard-von-Winterstein Theater
  Buchholzer Straße 67, 09456 Annaberg-Buchholz, Tickets und Informationen zum Spielplan unter www.winterstein-theater.de
St. Annenkirche
  Große Kirchgasse 21, 09456 Annaberg-Buchholz, Apr.–Dez.:

Mo–Sa 10–17 Uhr, So 12–17 Uhr, Jan.–März: Mo–Sa 11–16 Uhr, So 12–16 Uhr
Erzgebirgsmuseum
  Große Kirchgasse 16, 09456 Annaberg-Buchholz, täglich 10–17 Uhr
Haus des Gastes Erzhammer
  (mit Klöppelschule), Buchholzer Straße 2, 09456 Annaberg-Buchholz, Mo–Do 10–17 Uhr, Fr 10–15 Uhr
Tourist-Information
  Buchholzer Straße 2, 09456 Annaberg-Buchholz, täglich 10–18 Uhr

Bad Lausick

Ich übertreibe nicht, wenn ich sage, dass ich an diesem Dreh-tag das Gefühl hatte, nach langer Zeit wieder nach Hause zu kommen. Wir haben Leipzig in südlicher Richtung verlassen, all-mählich wird es hügelig. Hier, wo das Sächsische Burgen- und Heideland die Industrielandschaft ablöst. Und mittendrin, am Rande des Landschaftsschutzgebietes Colditzer Forst, liegt die Kleinstadt, die sich seit geraumer Zeit »Bad« nennen darf und in Sachen Erholung so einiges zu bieten hat.

Mehr als fünfzehn Jahre sind vergangen, seitdem ich diese Stre-cke fast jeden Tag gefahren bin, denn in Bad Lausick befand sich »meine« erste Klinik: die Sachsenklinik, bekannt aus der ARD-Arztserie »In aller Freundschaft«. Und so wurde für mich das Städtchen zu einer Art zweitem »Geburtsort«: Hier begann mein Berufsleben als Professor Gernot Simoni.

Ich kann mich noch genau erinnern: Es war, wie heute, ein sonniger Frühsommertag, als die erste Klappe fiel und ich durch den Kurpark spazieren sollte. Simoni auf dem Weg zum Dienst in die »Sachsenklinik«, die in Wirklichkeit eine Kurklinik für Orthopädie, Neurologie und Psychosomatik war. Sie bildete da-mals die Kulisse für die Außenaufnahmen der Serie.

Wenn ich gefragt werde, wie ich zur Rolle des Klinikdirektors gekommen bin, liegt mir oft die Bemerkung auf den Lippen:

»Wie die Jungfrau zum Kind!« Und Schauspielkollegin Sigrid Göhler, die Älteren werden sie noch als charmante Kommissarin Vera Arndt aus dem »Polizeiruf 110« des DDR-Fernsehens kennen, war die »Geburtshelferin«. Sie hatte ihre Karriere beendet und wurde von der Produktionsfirma der Serie mit dem Casting beauftragt. Göhler meinte damals: Bellmann ist Simoni! Der Beliebtheitsgrad des inzwischen pensionierten Sachsenklinik-Chefs bei den Zuschauern scheint ihr noch im Nachhinein recht zu geben.

Für mich war dieser Neustart ein Glücksfall. Dem Leipziger Schauspielhaus hatte ich nach über dreißig Jahren den Rücken gekehrt. Endgültig, weil ich vom Leitungsstil des neuen Intendanten in den 1990er Jahren enttäuscht war. Ich hatte von eigenständiger, kreativer Arbeit andere Vorstellungen. Also sprang ich mit über Fünfzig ins kalte Wasser und arbeitete frei als Regisseur, Kabarettist und Schauspieler, unter anderem an den Theatern von Cottbus und Nordhausen. Bis Simoni kam …

Und damit zurück in den Kurpark von Bad Lausick! Das 16 Hektar große Areal ist so etwas wie ein Aushängeschild für den Ort. Der Park wurde um 1880 im Stil eines englischen Landschaftsgartens angelegt. Die herrlichen großen Bäume belegen das noch heute. Sie spenden an sonnenreichen Tagen wunderbar Schatten für viele Erholungssuchende, die auf den verschlungenen Wegen flanieren. In Bad Lausick ist das ganze Jahr über Kurzeit, daher trifft man von Januar bis Dezember auf Spaziergänger im Park. Sie erfreuen sich, je nach Jahreszeit, an den prächtigen Blüten der Rhododendrenbüsche, am intensiven Duft im großen Rosengarten oder an den vielen Farben, die der Herbst mit Hilfe der Baumriesen zu bieten hat. Aber auch dann, wenn der Winter den Putten an der Pergola dicke weiße Mützen aufsetzt. Wenn es denn mal wieder schneit in Sachsen …

Jetzt, im Sommer, halten wir Ausschau nach Schmetterlingen! Und ein überdimensional großes Exemplar finden wir in der Mitte des Kurparks. 54 mal 65 Meter groß, schwebt er vor uns in etwa acht Metern Höhe. Unter seinen Flügeln finden unter anderem zwei Bühnen, Künstlergarderoben, eine Cafeteria und Sitzreihen für Zuschauer Platz. Der Name »Schmetterling« war schnell gefunden für die besondere Form dieser Freilichtbühne.

Als wir im Sommer 1998 die erste Folge für »In aller Freundschaft« gedreht haben, war der »Schmetterling« noch ganz jung. Mit einigem Stolz berichteten Einheimische, die am Bau beteiligt gewesen waren, von den besonderen Herausforderungen. Nur mit Hilfe moderner Computertechnik wurde es möglich, diese komplizierte Konstruktion zu errichten. Die Dachfläche gleicht einer geschwungenen Form und ruht auf mehreren Trägern, die gebogen sind und an Bäume erinnern. Der Hauptträger ist der stärkste und misst 80 mal 160 Zentimeter! Die einzelnen Holzbinder sind 45 Meter lang. Sie wurden in Teilstücken geliefert und vor Ort passgenau zusammengefügt. Und das alles in nur drei Monaten Bauzeit. Und heute? Leicht, nahezu schwerelos ist der »Schmetterling« im Kurpark von Bad Lausick gelandet und lädt Kur- und Sommergäste zu Konzerten und unterschiedlichen Veranstaltungen ein.

Kaum zu glauben, dass auf dem Gelände des heutigen Kurparks noch bis zum Jahr 1820 Braunkohle abgebaut wurde! Zum Glück, muss man sagen, denn bei diesen Arbeiten stießen die Kumpel hier auf die Quelle des Heilwassers. Um es ganz korrekt zu sagen, war es Amtsrichter Gottlieb Friedrich Herrmann, der das Wasser entdeckte. Schon ein Jahr später kamen die ersten Kurgäste in das nach dem Entdecker benannte »Herrmannsbad«. Daraus entwickelte sich später ein Herz-Kreislauf-Sanatorium.

Dann schauen wir doch mal genauer hin, wie alles begann mit dem Kurwesen von Bad Lausick. Wo? Im Museum, gleich am Markt, in einem der ältesten und schönsten Häuser der Stadt. Auf dem Weg dorthin kommen wir durch das Kurviertel, eine Villenkolonie, die Ende des 19. Jahrhunderts entstand und sich in großzügiger Anordnung um den ebenfalls damals angelegten Schwanenteich verteilt. Die Besitzer haben aus den meistens zweistöckigen Gebäuden wieder richtige Schmuckstücke gemacht. Damals wie heute flanieren die Kurgäste hier nachmittags durch die Straßen, vorbei an den gepflegten großen Gärten, bis sie das ersehnte Ziel erreicht haben: Ein hübsches kleines Café irgendwo im Stadtzentrum, wo mit Sahnetorte, Eisbechern und dergleichen süße (selbstverständlich untersagte) Verführungen lauern! Bis es am Abend wieder Schonkost und gar sehr gesunden Tee gibt…

Das bleibt uns erspart, dafür wartet die Arbeit, die freilich in diesem Falle zugleich Vergnügen ist. Wir drehen in der Ausstellung des Stadt- und Kurmuseums. Und wer lacht uns da auf Fotos entgegen? Erich Kästner, Max Blüthner, Harry Freiherr Speck von Sternburg, um nur einige der berühmten Kurgäste zu nennen, die in Bad Lausick bei einer Trink- bzw. Badekur Heilung fanden. Kästner, so heißt es, soll seinen Kuraufenthalt 1937 sogar literarisch verarbeitet haben.

In der oberen Etage des Museums gibt eine Weltkarte Auskunft, dass selbst Erholungsbedürftige aus Neuseeland, Australien und Nordamerika den weiten Weg nicht scheuten, um vom hiesigen Heilwasser zu nippen bzw. darin zu baden.

Im nächsten Ausstellungsraum ist er wieder zu sehen, Gottlieb Friedrich Herrmann, der Webermeister, Amtsrichter, Tagebaubesitzer und Badeigentümer, der Anfang des 19. Jahrhunderts den Grundstein für den Tourismus in der Kurstadt gelegt hatte. Das bedeutete für den Ort in den folgenden Jahren und Jahrzehnten einen gewaltigen Aufschwung. 1840 wurde am Untermarkt eine neue Schule gebaut, mit größeren Klassenzimmern und mit vier Lehrerwohnungen. 1867 zählte die Stadt 3456 Einwohner. Zehn Jahre später spricht man von der Blütezeit des Kohleabbaus und der Kalkbrennerei in und um Lausigk. Heilbad und Kohleabbau, verträgt sich das überhaupt? Im Stadt- und Kurmuseum wird dokumentiert: Es ging!

Übrigens: Vor reichlich hundert Jahren soll es viele Kurgäste und Geschäftsleute gegeben haben, die sich wünschten, Lausigk (so wurde der Name damals geschrieben) möge doch in Herrmannsbad »umgetauft« werden. Der Grund: Sie wurden belächelt, wenn sie in reinstem Sächsisch von »Lausigg« schwärmten ... Das hat zwar nicht geklappt, aber immerhin gab es 1913 das heiß begehrte und zu recht verdiente »Bad« zum Namen. Wie es sich für einen ordentlichen Kurort gehört!

Und wo geht man in unseren Tagen baden in Lausick? Im RIFF! Also Zeit für uns, abzutauchen. Nicht ohne vorher ein Glas Heilwasser aus dem Trinkbrunnen »Aqua Vitales« am Eingang des Bades zu trinken. Im RIFF kommen sowohl die Kurgäste als auch »Freizeitschwimmer« auf ihre Kosten. Denn ganz egal, ob im Strömungskanal, auf den Luftperlbänken und unter

den Massagedüsen, in den Außen- und Innenschwimmbecken oder in der Inhalationsgrotte – überall riecht und schmeckt es nach Salz. Kein Wunder, ohne das heilkräftige Solewasser geht in Bad Lausick gar nichts!

Wir stören die Kurgäste, die hier »wässern«, nicht länger und werfen nur noch einen Blick zu den jüngsten Badeengeln, die nebenan schwimmen lernen und vor Vergnügen quietschen wie die gelben Gummi-Enten, mit denen sie um die Wette paddeln.

Wieder an der frischen Luft, die sich hier Heilklima nennen darf, geht es weiter. Wir wollen die beiden Reha-Kliniken von Bad Lausick besuchen. In der Median Klinik werden zum einen Patienten mit Herz-Kreislauf-Erkrankungen betreut, zum anderen mit Beschwerden, die in den Bereich der Orthopädie gehören. Die zweite ist »meine« ehemalige Sachsenklinik, eine Reha-Einrichtung für Neurologie und Psychosomatik und ebenfalls für Orthopädie. Schön, dass es die Sachsenklinik in Bad Lausick noch gibt, auch wenn Simoni, Heilmann und Co. weitergezogen sind und jetzt in der Mediacity in Leipzig »praktizieren«...

Wir sind wieder auf dem Marktplatz. Hier muss unbedingt das Rathaus ins rechte Licht gesetzt werden. Architekt des gelben Backsteingebäudes war Theodor Kösser, der auch die bekannte Mädlerpassage in Leipzig entworfen hatte. Am 22. Novem-

ber 1897 wurde es eingeweiht, nachdem der Vorgängerbau im Jahr 1890 in Flammen aufgegangen war. Übrigens zog in das neue Rathaus damals auch das Kaiserliche Postamt ein. Das waren noch Zeiten, als die Briefe und Pakete nicht neben der Kasse im Supermarkt oder Warenhaus entgegengenommen wurden!

Und noch ein Ziel haben wir auf unserem Stadtspaziergang an diesem schönen Sommertag: Die evangelische Kirche St. Kilian. Über die Dächer von Bad Lausick hinweg lädt der barocke Turm zu einem Besuch ins weiß getünchte Gotteshaus ein, von Mai bis September sind an den Samstagnachmittagen Besucher herzlich willkommen. Die können sich dann den Marienaltar anschauen oder an einer Führung teilnehmen, bei der sie mehr erfahren über die kostbare Silbermannorgel. Oder über den Namenspatron der Kirche: Der Heilige Kilian galt als Schutzpatron der fränkischen Siedler. Wahrscheinlich hat Markgraf Wiprecht von Groitzsch den Namen ausgesucht, denn er hat das Gotteshaus im 12. Jahrhundert erbauen lassen.

Der Drehtag in Bad Lausick geht zu Ende. Das Team verstaut die Technik im Auto, und ich nehme mir eine Viertelstunde, um mich von einer guten alten Bekannten zu verabschieden: Tschüss, Sachsenklinik, Bellmann-Simoni fährt nach Hause, zurück nach Leipzig.

Mein Tipp:
Planen Sie für Ihren Ausflug nach Bad Lausick nicht nur einen Besuch im Freizeitbad RIFF, im Kur- und Stadtmuseum bzw. in der St. Kilianskirche ein. Sie sollten auch die Ortsteile von Bad Lausick im Sächsischen Burgen- und Heideland besuchen! Und wenn Sie nicht alle sieben schaffen, dann auf jeden Fall Ebersbach. Der Ort wurde 1384 erstmals urkundlich erwähnt und präsentiert sich heute mit vielen schmucken, denkmalgeschützten Fachwerkhäusern, wie dem um 1500 im Stil der Renaissance errichteten Rittergut und der rund 150 Jahre alten Bockwindmühle. Eine romantische alte Mühle klappert übrigens auch im Ortsteil Ballendorf.

Wenn Sie Lust haben, Ihre Fantasie und Kreativität zu testen, dann schauen Sie in Bad Lausick im Roten Haus in der Weinbergstraße vorbei. Dort erwarten Sie Heike und Norbert Schäfer in ihrer Erlebniswerkstatt und geben Ihnen Anleitung, mit unterschiedlichen Materialien kleine Unikate anzufertigen. Zum Verschenken oder als Erinnerung an Ihren Besuch in Bad Lausick!

Kur- und Stadtmuseum
Markt 1, 04651 Bad Lausick,
Mi–Fr 12.30–17 Uhr, Sa 13–17 Uhr,
So 14–17 Uhr
Kur- und Freizeitbad RIFF
Am Riff 3, 04651 Bad Lausick,
Mo–Fr 10–22 Uhr, Sa/So 9–22 Uhr

Kreativ- und Erlebniswerkstatt
Rotes Haus, Weinbergstraße 9,
04651 Bad Lausick,
Tel. 034345 5 51 01
Kur- und Touristinformation
Straße der Einheit 17, 04651 Bad
Lausick, Mo–Fr 8.30–13/14–17 Uhr

Chemnitz

Heute also Chemnitz, die Stadt mit den drei »o«: Gorl-Morx-Stodt! 37 Jahre lang, von 1953 bis 1990, trug die sächsische Stadt den Namen des Philosophen, obwohl der sich nicht einen einzigen Tag hier aufgehalten hat. Was der Karl wohl dazu gesagt hätte? Auf jeden Fall hätte er sich über den »Nischel« (das sächsische Kosewort für »Schädel«) gefreut, der die Zeiten überdauert hat und noch heute an seinem angestammten Fleck steht, im Stadtzentrum an der Brückenstraße, nahe der Kreuzung zur Straße der Nationen. Sein Schöpfer, der sowjetische Bildhauer Lew Kerbel, hat ihn ja auch gut getroffen: Eine gewaltige Porträtbüste aus Bronze, reichlich sieben Meter hoch und 40 Tonnen schwer! Und im Rücken des Monuments steht in vier Sprachen geschrieben, worauf es dem Karl zu Lebzeiten ankam: »Proletarier aller Länder, vereinigt Euch!« Wie wir wissen, hat's nicht geklappt mit der Idee.

Heute ist der »Nischel« vor allem für junge Leute ein beliebter Treffpunkt. Eine Handvoll Skater kurvt in rasanten Schwüngen und Sprüngen um uns herum: »De Nischelhupper« trainieren unter Marxens strengem Blick! Dabei gibt die Chemnitzer Jumpcrew alles, wie sie uns versichert. Wir bedanken uns für die gekonnte »Tanzeinlage« mit einem donnernden Applaus. Die anderen, die auch zugeschaut haben, schließen sich an. Dafür gibt's noch eine Zugabe! Für einen kurzen Moment ist mir so, als hätte der große Karl dazu gelächelt …

Das hätte er bestimmt auch gemacht, hätte er hören können, dass die Stadt Köln vor einigen Jahren bereit war, ein hübsches Sümmchen hinzulegen, um den Chemnitzern ihren »Nischel« abzukaufen. Zum Glück einigten sich die Sachsen darauf, dass Karl bleibt. Heute ist er »Kult«. Wir verabschieden uns vom Vorbild aller Proletarier und machen Platz für die Touristen, die gerade immer mehr werden an dieser bekanntesten, unverwechselbaren Sehenswürdigkeit von Chemnitz.

Übrigens ist dieses Kunstwerk die zweitgrößte Porträtbüste der Welt. Nur Lenin ist größer! Das heißt, sein in Bronze gegossener Kopf, der in Ulan-Ude steht und den deutschen Ur-Kommunisten um sechzig Zentimeter überragt. Auch wenn hier alle froh sind, nicht mehr den Städtenamen mit den drei »o« zu tragen – um Karls »Wohlergehen« sind sie stets bemüht. Zum Beispiel im Jahr 2012, als die dringend notwendigen Sanierungsarbeiten am »Nischel« abgeschlossen waren. Ein Jahr später erlebte Marx dann ohne »Kopfschmerzen« die Dreharbeiten zum Musikvideo der Band Seeed, die zu seinen Füßen den Song »Deine Zeit« aufnahm.

Wir haben die »Nischelgasse« – so nennen die Einheimischen die frühere Karl-Marx-Allee – verlassen und machen eine kurze Pause auf einer Bank im Grünen. Ich hätte nicht gedacht, dass es hier so viele große und kleine Parks gibt! Laut Statistik kommen mit insgesamt mehr als eintausend Hektar Wiesen und Waldgebieten auf jeden Chemnitzer mehr als 60 Quadratmeter Grünfläche. Im Stadtgebiet gibt es zwei Naturschutzgebiete und mehrere Landschaftsschutzgebiete. Da wären zum Beispiel das Chemnitztal, der Rabensteiner Wald und das Sternmühlental. Und das in der »grauen Industriestadt«, wie es früher verächtlich hieß und wo niemand freiwillig hingezogen wäre …

Längst hat sich die sächsische Großstadt mit ihren knapp 250 000 Einwohnern vom Schmuddel-Image vergangener Zeiten befreit. »Stadt der Moderne« lautet jetzt die Botschaft und punktet mit einer Vielfalt an Kunst und Kultur, um die sie mancherorts beneidet wird.

Wir sind in die Zwickauer Straße gefahren. Großzügig gestaltet ist die Außenanlage eines Gebäudekomplexes, in dem Geschichte geschrieben wurde. Die historischen Bauten mit der roten Klinkerfassade sind durch einen modernen Glasbau verbunden. Wenige Stufen führen hinauf zum Eingang, über dem zu lesen ist: »Industriemuseum Chemnitz«.

Früher gehörte das Gelände zu den Ecken von Chemnitz, die ihm den Beinamen »Sächsisches Manchester« eingebracht hatten. Das Areal des heutigen Museums war eine Gießerei- und Maschinenhalle, die Anfang des 20. Jahrhunderts erbaut worden war. Die Schornsteine qualmten, und der Lärm war in den angrenzenden Straßen nicht zu überhören, dort, wo die Lohnarbeiter wohnten. Chemnitz war dabei, sich zu einer der bedeutendsten Industriestädte zu entwickeln, zu einem Zentrum des deutschen Maschinenbaus.

An diesem Vormittag ist es still. Noch vor der offiziellen Öffnungszeit dürfen wir ins Museum gehen und haben Gelegenheit, die großen Maschinen im Ausstellungsbereich aus nächster Nähe zu drehen. Imposant, beeindruckend, geradezu Ehrfurcht erregend ist die noch immer funktionsfähige Dampfmaschine aus dem Jahr 1896. Sie ist der Mittelpunkt im restaurierten Maschinenhaus. An den Wänden hängen historische Gemälde, die vermutlich nach dem Erwerb der Gießerei um 1907 durch die Schubert & Salzer AG entstanden sind. Im Untergeschoss des Museums treffen wir auf die Geschichte der Textilindustrie, lange Zeit

einer der wichtigsten Zweige der sächsischen Wirtschaft. Auch hier Maschinen, die noch funktionieren. Und das, obwohl sie aus dem späten 19. Jahrhundert stammen.

Wir beenden unseren Ausflug in 220 Jahre Industriegeschichte von Chemnitz. Gleich öffnet das Museum für die Besucher, und draußen vor der Tür haben sich schon die ersten zu einer »Warteschlange« formiert.

Auf der Fahrt zurück in die Innenstadt überholen wir einen Trabbi. Auf Hochglanz poliert, tuckert der hellgrüne Knirps ein kurzes Stück neben uns her. Sein Fahrer, ein Mann in den Vierzigern im weißen Hemd, mit Sonnenbrille, winkt uns zu und lacht, als unsere Assistentin Gas gibt. Der Trabant, auch ein Stück Industriegeschichte, für die in Chemnitz zugearbeitet wurde …

Dreizehn Minuten Fahrzeit bis zum Theaterplatz hatte das Navi angezeigt. Jetzt, am Nachmittag, ist das kaum zu schaffen. Die Ampeln sind rot, ehe wir dran sind, und so bleibt Zeit, sich im Vorbeifahren das Stadtzentrum mit diversen Hochhäusern, Einkaufstempeln und der bekannten Stadthalle anzusehen. Es hat sich viel getan in Chemnitz, auch wenn die DDR-Neubauten noch dominieren. Die waren damals Gold wert, denn noch kurz vor Ende des Zweiten Weltkrieges wurde die Innenstadt bei Luftangriffen im Februar und März 1945 zu 80 Prozent zerstört.

»Sie haben Ihr Ziel erreicht!«, heißt es, als wir auf dem riesigen Vorplatz vor dem König-Albert-Museum und vor dem Opernhaus aussteigen, die hier ein repräsentatives bauliches Ensemble aus den 1920er Jahren bilden. Die Oper glänzt mit fantastischen Inszenierungen und bringt immer wieder auch Stücke auf die Bühne, die selten aufgeführt werden. Ich erinnere ich mich an eine sehr gelungene Aufführung, die ich im Jahr 2014 gesehen habe. Erich Wolfgang Korngolds »Tote Stadt« stand nach 93 Jahren wieder auf dem Spielplan. Der Komponist, der später nach seiner Emigration in die USA viele bekannte Filmmusiken schrieb, hatte die Oper 1920 geschaffen. Nach der Uraufführung in Hamburg und in Köln folgte bald die Premiere der »Toten Stadt« in Chemnitz, zu der Korngold persönlich anreiste. Damals war die Inszenierung ein Riesenerfolg. Und auch die der jungen Regisseurin Helen Malkowsky von 2014 brachte Standing Ovations und ausverkaufte Vorstellungen.

Zu dieser Tageszeit ist das Theater noch geschlossen. Ist aber nicht schlimm, wir lassen es sowieso rechts liegen und steuern das König-Albert-Museum an mit den Kunstsammlungen Chemnitz. Auch hier freut man sich über sensationelle Erfolge, sprich viele, oft weitgereiste Gäste. Und die sind hier garantiert ein paar Stunden beschäftigt, um wenigstens einige der insgesamt 60 000 Exponate anzuschauen.

Eine zeitgemäße Kunstpräsentation, auf die die Stadt zurecht stolz ist! Allen voran natürlich auf einen echten Chemnitzer: Karl Schmidt-Rottluff. Der Maler, Grafiker und Plastiker wurde 1884 in der sächsischen Stadt geboren. Er gilt als einer der Klassiker der Moderne, als wichtiger Vertreter des Expressionismus und als Mitbegründer der Künstlervereinigung »Brücke«. Das König-Albert-Museum besitzt die zweitgrößte Sammlung von Werken Schmidt-Rottluffs.

Vor einigen Jahren bekam das Museum den Preis »Das beste Konzept für lebendige Museen und moderne Kulturstätten« der Stiftung Lebendige Stadt, Hamburg. Für Generaldirektorin Dr. Ingrid Mössinger und ihre Mitstreiter war das Ansporn und Anerkennung ihrer Arbeit zugleich. »Wir sind breit aufgestellt«, sagt die Chefin und kann auf eine große Kunstvielfalt verweisen: Werke der Maler der Dresdner Romantik und des deutschen

Impressionismus, zeitgenössische Kunst, eine Sammlung von mehr als 200 Plastiken, Skulpturen und Objekten und, und, und...

Eine Sammlung fehlt am Theaterplatz, die von Dr. Alfred Gunzenhauser. Auch der Münchner Kunsthändler hatte sich für Chemnitz als festen Standort seiner legendären Sammlung entschieden und gleichzeitig beschlossen: Dafür muss ein neues Haus her! Die Wahl fiel auf den ehemaligen Hauptsitz der Sparkasse am Falkeplatz, eines der ersten Hochhäuser von Chemnitz, in der Zeit zwischen 1928 und 1930 erbaut.

Das Sparkassenhochhaus steht heute unter Denkmalschutz. Dementsprechend streng waren die Auflagen, die bei der Sanierung und Umgestaltung zu beachten waren, bevor Gunzenhauser mit seinen Meisterwerken einziehen konnte. Am 1. Dezember 2007 war es dann soweit, das Museum wurde eröffnet. Eine kleine Sensation, jubelte man und meinte damit sowohl die Kunst, die nun hier zu Hause sein würde, als auch die Arbeit des Architekten Volker Staab, der sich mit seinen Entwürfen gegen sechs Mitbewerber durchgesetzt hatte.

Wo man früher Überweisungsformulare ausfüllte und wo Bargeld ausgezahlt wurde, also in der Kassenhalle, befindet sich jetzt ein zentraler Raum für Sonderausstellungen und für Veranstaltungen. Die Dauerausstellung zieht sich über vier Etagen, denn 2459 Werke brauchen Platz! Und sie wollen gut platziert sein, die Arbeiten bedeutender Künstler des 20. Jahrhunderts. Erreichen können die Besucher die vier Ebenen über eine Kaskadentreppe. Ich finde, ein echter Geniestreich, der dem Architekten da gelungen ist, weil sie im wahrsten Sinne des Wortes ein »verbindendes« Element in der Dauerausstellung ist.

Wir haben das preisgekrönte Gunzenhauser-Museum verlassen und brauchen gegen Ende des Drehtages eine »Augenpause«! Also fahren wir nach großartigem Kunstgenuss in der Stadt der Moderne in den Stadtteil Klaffenbach, schauen ins Grüne und machen einen Spaziergang rund um das Wasserschloss, idyllisch gelegen am Flüsschen Würschnitz. Auf der Brücke, die vom Hof zum Schloss führt, kommt uns ein verliebtes Pärchen entgegen: »Wir haben uns hier im Standesamt angemeldet und werden im Sommer auf dem Schloss heiraten!« Glückwunsch!

Ein bisschen stöbern wir noch durch die Ateliers der Kunsthandwerker, die sich hier angesiedelt haben. Dann sagen wir: Tschüss, Gorl-Morx-Stodt, schön, dass Du wieder Chemnitz heißt!

Mein Tipp:
In Ihrem Reiseplan für die Stadt der Moderne sollten Sie auf jeden Fall Zeit einplanen für einen Besuch der Villa Esche, bekannt als Henry van de Velde-Museum. Das Gebäude in der Parkstraße 58 wurde 1903 nach Entwürfen des belgischen Künstlers für den Unternehmer Herbert Esche gebaut und ist heute ein Baudenkmal von europäischem Rang. Es zeigt Exponate aus dem umfangreichen Bestand der Kunstsammlungen Chemnitz: Im Erdgeschoss gewährt das ehemalige Speisezimmer und der Musiksalon, weitgehend original möbliert, einen Eindruck des ursprünglichen Ambientes. Im Obergeschoss der Villa wird in den ehemaligen Schlafräumen und im Badezimmer eine Dauerausstellung gezeigt. Sie vermittelt Einblicke in das Gesamtschaffen des vielseitigen Künstlers van de Velde. Seit 1990 steht die Jugendstil-Villa auf der Bundesdenkmalschutzliste.

Industriemuseum Chemnitz
    Zwickauer Straße 119, 09112
    Chemnitz, Di–Fr 9–17 Uhr,
    Sa/So 10–17 Uhr
Opernhaus
    Theaterplatz 2, 09111 Chemnitz,
    Tel.0371 6 96 95, Tickets und
    Informationen zum Spielplan unter www.theater-chemnitz.de
Kunstsammlungen Chemnitz
    im König-Albert-Museum,
    Theaterplatz , 09111 Chemnitz,
    Di–So 11–18 Uhr
Gunzenhauser-Museum
    Stollberger Straße 2, 09119
    Chemnitz, Di–So 11–18 Uhr

Wasserschloss Klaffenbach
    Wasserschlossweg 6, 09123 Klaffenbach, Apr.–Sept.: Di–Fr 11–17
    Uhr, Sa/So 11–18 Uhr,
    Okt.–März: Di–So 11–17 Uhr
Henry van de Velde-Museum
    Parkstraße 58, 09120 Chemnitz,
    Mi, Fr, Sa, So 10–18 Uhr
Tourist-Information Chemnitz
    Markt 1, 09111 Chemnitz,
    Mo–Fr 9–18 Uhr, Sa 9–16 Uhr

Colditz und Zschadraß

Der schwarze Himmel taucht den Schlosskoloss über der Zwickauer Mulde in ein gespenstisches Licht. Von einem Augenblick auf den anderen platzen die tiefhängenden Wolken aus ihren Nähten. Regen stürzt in die Tiefe und scheint den Fluss zum Überlaufen zu bringen. Über Colditz entlädt sich ein Gewitter, das mit einem langen donnernden Grollen seine Ankunft vermeldet hatte. Eine Szenerie, die gut und gerne in jeden Krimi passt! Unser Kameramann ist glücklich: »Das sind genau die Bilder, die wir für die Geschichten heute brauchen!«

Die Geschichten, um die es geht, spielen in Colditz und im Ortsteil Zschadraß. Und sie stammen nicht aus einem Drehbuch, sondern haben sich im Laufe der Zeit hier im »Zweimuldenland«, besser im Tal der sächsischen Burgen und Schlösser, wirklich so abgespielt.

Beginnen wir auf dem Schloss von Colditz, das mit seiner fast tausendjährigen Geschichte auf wechselvolle Zeiten zurückblickt. Es wurde verschenkt, vererbt, mehrfach niedergebrannt, wieder aufgebaut und war in den Jahrhunderten seines Bestehens Verteidigungsanlage, Jagdschloss, Arbeitshaus, Armenhaus, Verwahranstalt für geistig Gestörte, Gefängnis, Krankenhaus.

Was das üppige Hofleben zu Zeiten Augusts des Starken nicht vermochte, schaffte die Nutzung des Schlosses während des

Zweiten Weltkrieges: Colditz wurde berühmt! Buchautoren und Filmproduzenten und -regisseure bedienten sich der »Colditz-Story« und schufen Bestseller. Der Grund: Hitler ließ im Oktober 1939 in der Festung über der Mulde ein Kriegsgefangenenlager für Offiziere aus Frankreich, Belgien, Holland, Polen, vor allem aber aus England einrichten.

Die Bezeichnung des Lagers lautete: Oflag IV C. Im äußeren Schlosshof befand sich die Kommandantur, im hinteren Hof lebten die Gefangenen in den ehemaligen Fürstenwohnhäusern. Obwohl die Quartiere von Stacheldraht umgeben waren und durch bewaffnete Soldaten überwacht wurden, unternahmen die Offiziere eine Reihe von Ausbruchsversuchen. Nach Kriegsende wurden darüber an die hundert Bücher veröffentlicht und Filme gedreht. Am bekanntesten ist »The Colditz Story«, in der der britische Armeeoffizier Patrick Robert Reid über seine Flucht in die Schweiz berichtet. Das Buch wurde in viele Sprachen übersetzt, war Drehbuchgrundlage für Filme und TV-Serien, sogar ein Brettspiel entstand nach dieser Story! Der prominenteste Gefangene war übrigens Winston Churchills Neffe, Giles Romilly. Und so kommt es, dass in Großbritannien fast jedes Schulkind »Colditz Castle« kennt! Ganz im Gegensatz zu Deutschland, wo nur wenige den Namen schon einmal gehört haben.

Ehrgeiz der Tourismusfachleute aus dem Zweimuldenland ist es freilich, das zu ändern. Der Anfang ist auch schon gemacht. An Originalschauplätzen informiert ein »Fluchtmuseum« über die historischen Ereignisse. Da können beispielsweise die selbst gefertigten Werkzeuge der Gefangenen besichtigt werden, mit deren Hilfe sie versucht haben, freizukommen. Eine Ausstellung von Aquarellen des britischen Kriegsgefangenen William F. Anderson gibt in eindrucksvoller Weise das Lagerleben wieder. Und es wird über zahlreiche weitere Flucht-Stories berichtet, die vom Mut, der Standhaftigkeit und dem Einfallsreichtum der Gefangenen künden.

Nach diesem ebenso spannenden wie ungewöhnlichen Kapitel Schlossgeschichte brauchen wir frische Luft zum Durchatmen. Das Wetter spielt mit und schickt uns nach Regen, Blitz und Donner nun ein bisschen Sonnenschein. Der lässt die Außenanlagen und den Wald, von dem das Schloss umgeben ist, heller, friedlicher erscheinen: Den alten Wehrgang mit seinen mächtigen Mauern, das Fürstenhaus, das Renaissanceportal der Dreifaltigkeitskirche, den Turmbau mit der welschen Haube und die alte Steinbrücke, über die wir die Festung Colditz verlassen. Und auf der uns eine Gruppe junger Leute entgegen kommt.

Es sind Abiturienten aus Berlin, die hier Ferien machen, in Verbindung mit lebendigem Geschichtsunterricht, und die in der Jugendherberge wohnen. In einer Europa-Jugendherberge, die vor einigen Jahren nach umfassenden Sanierungs- und Umbauarbeiten im Nordostflügel des Vorderen Schlosshofes entstanden ist. Schön, dass der Charakter des Baudenkmals erhalten blieb und trotzdem moderne, farbenfrohe Wohn-, Spiel-, Seminar- und Tagungsräume geschaffen wurden.

Colditz hat 25 Ortsteile, die eigentlich geschlossene kleine Ortschaften sind und sich im Umkreis von mehreren Kilometern rund um die Stadt verteilen. In nordöstlicher Richtung liegt Zschadraß, wo sich unser nächster »Krimi« abgespielt hat.

Auf dem Weg dorthin machen wir einen Umweg und fahren über Sermuth, auch ein Colditzer Ortsteil. Hier erwartet uns ein Naturereignis: Die Zwickauer und die Freiberger Mulde vereinigen sich zur Mulde.

In der Auenlandschaft am Zusammenfluss kündigt sich das nächste Gewitter an. Aber es vergeht noch eine kleine Ewigkeit, bevor auf den Blitz der Donner folgt. Diese Zeit nutzen wir für eine Pause und setzen uns unter den großen rot-weißen Holzfliegenpilz, der hier aufgestellt wurde. Für Urlauber, Wanderer, Liebespaare oder für fußlahme Fernsehleute …

Nach einer Viertelstunde geht es weiter, und zehn Minuten später haben wir mit dem Auto Zschadraß erreicht. Ein Ort, in dem wir dem Felix Krull der Neuzeit auf den Zahn fühlen

wollen! Doch bevor wir uns mit dem Hochstapler beschäftigen können, müssen wir die Chronik des Ortes zurückblättern ins Jahr 1868.

Damals gründete hier Friedrich August Hermann Voppel, zu seiner Zeit anerkannter Psychiater und Direktor der Landesversorgungsanstalt (im Volksmund oft als »Irrenanstalt« bezeichnet) auf Schloss Colditz eine Außenkolonie. Dazu wurden zwei landwirtschaftlich genutzte Güter in Zschadraß gekauft, wo psychisch Kranke in einer Arbeitstherapie im Ackerbau eingesetzt wurden. Später kamen weitere Ländereien hinzu. Es entstanden neue Klinik- und Krankengebäude, eine Siedlung für Angestellte und eine Kirche.

Wie ein dunkler Schatten liegen die Monate zwischen Juni 1940 und September 1941 über der Geschichte der psychiatrischen Klinik. Während dieser Zeit diente sie unter dem amtierenden Direktor Max Liebers als »Zwischenanstalt« für das Euthanasieprogramm der Nationalsozialisten. Mehr als 3400 Patienten wurden in die Anstalten Pirna-Sonnenstein und Brandenburg weiterverlegt und dort ermordet.

1942 wurde das Haus umstrukturiert zu einer Lungenheilstätte mit psychiatrischer Abteilung und nannte sich fortan Lungenheilstätte Hainberg. Heute befindet sich hier das Fachkrankenhaus für Psychiatrie/Psychotherapie und Neurologie in Trägerschaft des Diakoniewerkes Zschadraß. Ein modernes Klinikgelände, erbaut im Pavillonsystem in einer hundert Jahre alten Parkanlage mit einer einzigartigen Baumvielfalt. Diese Entwicklung zur modernen Klinik hatte in den 1990er Jahren begonnen. Nach der politischen Wende also, in der Zeit des großen Umschwungs, der Veränderungen und ungeahnter Gelegenheiten für Menschen, die es mit der Wahrheit nicht so genau nahmen.

Ein solcher war der gelernte Briefträger Gert Uwe Postel, der für sein Leben gern »Doktorspiele« machte, wie er später selbst schrieb. Darauf hatte er wohl auch Lust, als er sich 1995 um eine Stelle als Oberarzt in der Psychiatrie in Zschadraß bewarb und den Posten prompt bekam! Zwei Jahre ging es »gut«, denn der »Junge von der Küste« hatte einschlägige Erfahrungen. Zuerst hatte er es in seiner Heimatstadt Bremen als Zahnarzt versucht. Dann war er so dreist, sich mit gefälschten Zeugnissen

und Approbationsurkunden u. a. in Oldenburg, in Kiel und im Landkreis Rosenheim als Arzt zu bewerben. Bevor es brenzlig für ihn wurde, weil die Wahrheit ans Licht zu kommen drohte, half ihm die Unterstützung durch das »schwache Geschlecht«, und er entkam immer wieder. So war es dann auch für »Oberarzt Postel«: Ein Ehepaar aus Schleswig-Holstein war zu Besuch in Zschadraß, erkannte ihn und meldete den Schwindel. Doch eine Leipziger Staatsanwältin und Freundin des falschen Doktors warnte ihn vor der Verhaftung. Schließlich wurde er doch gefasst und 1999 wegen mehrfachen Betrugs, Urkundenfälschung, Täuschung und Missbrauchs von akademischen Titeln zu einer Haftstrafe von vier Jahren verurteilt.

In dieser Zeit entdeckte Postel seine schriftstellerischen Neigungen und veröffentlichte nach vorzeitiger Entlassung ein Buch mit dem vielsagenden Titel »Doktorspiele. Geständnisse eines Hochstaplers«. Das Vorwort zu seiner Lebensgeschichte verfasste ein gewisser Dr. Gert von Berg, Gert Uwe höchstselbst! Das Buch wurde ein Bestseller, und Postel lebt heute in Tübingen, mit seiner Ehefrau, einer Juristin… Fragt man die Einwohner von Zschadraß nach dem Hochstapler, winken manche ganz schnell ab. Andere sind amüsiert und meinen: »Immerhin hat er unseren Ort in die Schlagzeilen gebracht.«

Aber wenn es um internationale Aufmerksamkeit geht, hat Zschadraß doch ganz andere Pfunde in die Waagschale zu werfen: Mit 70 000 Exponaten gibt es hier die weltgrößte Dentalausstellung! Hochgestapelt oder alles echt?

Wir fühlen der Sache auf den Zahn bzw. der »Museumsperle Mitteldeutschlands«, wie einmal ein Radioreporter schwärmte, der seinen Hörern empfahl, unbedingt das Dentalhistorische Museum in Zschadraß zu besuchen. Wie der Kollege zu berichten wusste, kann die »Perle« aus Zschadraß durchaus mit vergleichbaren Häusern in Linz, Wien, Utrecht und Turin mithalten.

Ein solches Lob macht Andreas Haeßler natürlich mächtig stolz! Der Museumsgründer und Kurator erwartet uns und erzählt vom Anfang 1991, als für ein Dentallabor in Grimma neue Möbel gekauft wurden: »Sofort stand die Frage: Wohin mit dem alten Inventar? Zum Wegwerfen waren die Instrumente und Geräte eindeutig zu schade.«

Bloß gut, denn daraus und aus weiteren privaten Sammlungen ist das Museum entstanden, in dem die Geschichte der Zahnheilkunde bewahrt wird. Präsentiert und dokumentiert wird die Entwicklung der zahnärztlichen und der zahntechnischen Berufsausübung, der Zahnhygiene und der Zahnmedizin. So treffen die Besucher hier auf kunst- und kulturgeschichtliche Artefakte und auf mehr als zweieinhalbtausend bildliche Darstellungen. Auf einer davon ist Philipp Pfaff abgebildet, in gewisser Weise der Urvater aller Zahnärzte! Er schrieb 1756 das Buch »Die Abhandlung von den Zähnen« und gilt als Begründer der deutschen Zahnmedizin.

Da wundert es kaum, dass nicht nur Leute wie du und ich zur Museumsperle kommen. Auch Historiker und Mediziner treffen an diesem Ort auf einen enormen Fundus an Wissen und Fakten aus allen geschichtlichen Epochen der Dentalmedizin. Viele technische Kuriositäten sind dabei und manche Instrumente, die auch heute noch Furcht einflößen: Bohrer, Zangen, Röntgengeräte, komplette Behandlungsstühle aus verschiedenen Jahrhunderten, außergewöhnliche Prothesen bis hin zu historischen Bild- und Werbematerialien. Die ältesten Objekte des Museums sind Darstellungen des Mundes, die aus dem dritten vorchristlichen Jahrtausend stammen. Beim Anblick der medizinischen Instrumente, mit denen vor knapp zweitausend Jahren Zahnschmerzen behandelt wurden, kann einem schon angst und bange werden! Erstaunlich, dass es bereits damals Prophylaxe-Methoden gab. Ein besonderes Exponat ist der Arbeitsplatz eines Zahntechnikers von 1873, das älteste vollständig erhaltene Dentallabor der Welt.

Ich kann gut verstehen, dass sich hier Film-, Fernseh- und Theaterrequisiteure die Klinke in die Hand geben, wenn sie etwas suchen, das besonders »echt« aussehen soll. Hier ist alles echt, keine Hochstapelei, und die Sache mit der »Museumsperle« hat ihre Richtigkeit!

Beim Verlassen des Museums fällt mein Blick auf einen »Tretbohrer«: Au Backe, das bleibt uns erspart, der modernen Medizintechnik sei Dank... Zum Abschied wünschen wir Andreas Haeßler gutes Gelingen für seine Pläne, hier neben dem Museum ein Wissenschaftszentrum aufzubauen und die riesige Bibliothek an Fachliteratur zu erweitern.

Kamera und Stativ sind schon im Auto verschwunden, da packt der Kameramann beides noch einmal aus. Über dem großen Park, in dem das Backsteingebäude mit dem Schild »Dentalhistorisches Museum« steht, hat sich in der Abendsonne ein Regenbogen ausgebreitet. Das können wir uns natürlich nicht entgehen lassen!

Mein Tipp:
Wenn Sie nach dem Schlossbesuch Lust auf einen ausführlichen Spaziergang haben, dann machen Sie den im angrenzenden historischen Tierpark, der im 16. Jahrhundert durch Kurfürst Christian I. angelegt wurde und heute ein ausgedehntes Waldgebiet ist, das zum Sächsischen Staatsforst gehört. Mitten in diesem Areal locken ein Campingplatz und das Waldbad zu Kurzurlaub, einem verlängerten Wochenende oder einfach nur zu einem Badetag. Es gibt ein großes Schwimmbecken und ein Becken für Nichtschwimmer, samt einer Riesenrutsche. Auf dem Campingplatz werden Bungalows vermietet, und es gibt viele Stellplätze für Leinwand-Villen und Wohnwagen aller Art und Größen.

Schloss Colditz
  Schlossgasse 1, 04680 Colditz,
  Apr.–Okt. 10–17 Uhr, Nov.–März
  10–16 Uhr
Dentalhistorisches Museum
  Im Park 9b, 04680 Zschadraß,
  Apr.–Okt.: Mo–Fr 10–17 Uhr,
  Sa/So 13–17 Uhr

Tourismusverein Colditzer Muldeland e.V.
  Markt 11, 04680 Colditz,
  Apr.–Okt.: Mo–Fr 10–17 Uhr,
  Sa/So 13–17 Uhr, Nov.–März:
  Mo–Fr 10–16 Uhr
Waldbad
  Im Tiergarten 5, 04680 Colditz,
  Mai/Juni/Sep.: Mo–Fr 10–19 Uhr,
  Sa/So und in den Schulferien
  10–20 Uhr, Juli/Aug.: Mo–So
  10–20 Uhr

Diesbar-Seußlitz

Bischof Benno von Meißen schaut zufrieden ins Land. Dort, wo er vor knapp eintausend Jahren erste Rebstöcke setzen ließ, führt heute die Sächsische Weinstraße entlang. Wahrscheinlich hatten damals fränkische Siedler oder reisende Geistliche die ersten Pflanzen in die Region mitgebracht. Ganz sicher sind sich die Weingeschichtsschreiber allerdings nicht. Verbürgt ist aber, dass der sächsische Weinanbau ab dem 16. Jahrhundert richtig »boomte«, wie wir heute sagen. Und bis Mitte des 17. Jahrhunderts wuchs die sächsische Rebfläche zwischen Elbtal und Lausitz auf 5000 Hektar an.

Seit dem Ende des 18. Jahrhunderts brachte die »Sächsische Weinbaugesellschaft« frischen Wind in die hiesige Weinbaugeschichte. Sie rief zum Beispiel 1811 in Meißen die erste Winzerschule Europas ins Leben. Doch bald gab es neue Schwierigkeiten. Erst machte der Mehltau den Winzern Probleme, später sorgte eine verheerende Reblausplage für einen dramatischen Rückgang der Rebfläche. Ganze 150 Hektar groß war die Anbaufläche zu Beginn des 20. Jahrhunderts noch.

Heute ist das Weinanbaugebiet im Sachsenland mit rund 480 Hektar das nordöstlichste und zweitkleinste der dreizehn Weinbauregionen in Deutschland. Und eines der Feinsten! Angebaut werden vorzugsweise Riesling, Müller-Thurgau, Weiß-

59

burgunder, Grauburgunder, Traminer und Kerner. Überwiegend wird trocken ausgebaut.

Bischof Benno wäre stolz! Ein bisschen auch auf mich, weil ich meine Hausaufgaben ordentlich erledigt und mich kundig gemacht habe, bevor ich mit dem Drehteam auf Ratereise nach Diesbar-Seußlitz gehe. Ein kleiner Ort, kurz vor Meißen. Und Ziel- bzw. Ausgangspunkt der 60 Kilometer langen Sächsischen Weinstraße, die bis Pirna führt. Dazwischen liegen kleine Weindörfer, die sich malerisch an die Elbhänge schmiegen. Und damit steht unser Plan für die nächsten beiden Tage fest!

Wir beginnen in Diesbar-Seußlitz, bei Benno natürlich. Neben anderen Sandsteinskulpturen zum Thema Wein strahlt die Bischofsfigur mit der goldenen Oktobersonne um die Wette. Es ist ja auch ein wunderbarer Platz, der ihm da im Weingut Lehmann zugedacht wurde. Zwischen vielen Rebstöcken mit den reifen Trauben schweift der Blick in die Ferne, wo der Fluss einen großen Bogen macht. Winzig klein erscheinen da die Fahrer, die in die Pedale treten und sich auf dem Elbe-Radwanderweg der Anlegestelle der Fähre in Seußlitz nähern. Sie wollen übersetzen und nach Niederlommatzsch weiterfahren oder den Elbepark Hebelei besuchen. Dort leben in einem kleinen Tierpark zweihundert vom Aussterben bedrohte Haustiere. Ungarische Zackelschafe zum Beispiel oder schottische Hochlandrinder und afrikanische Burenziegen. Sehr zur Freude der jüngsten Besucher kann hier das liebe Vieh aus nächster Nähe beäugt und gestreichelt werden!

Wir streicheln den dicken Kater von Lehmanns, der am Tor zum Gartenrestaurant sitzt, leise schnurrt und uns neugierig betrachtet. Die Stühle sind hochgeklappt, auf den Tischen liegen erste Blätter und Früchte von den großen Kastanienbäumen. Ich hebe eine Kastanie vom Boden auf und stecke sie unserer Autorin in die Manteltasche: »Aufheben und immer mal in die Hand nehmen!« Sie lacht: »Soll Rheuma vorbeugen stimmt's?!« Und weil es die Herbstsonne an diesem Tag besonders gut meint und wir noch eine Viertelstunde Zeit haben bis zum Interview mit dem Juniorchef vom Weingut Lehmann, rücke ich mir einen Gartenstuhl zurecht. Gleich nebenan steht die große Schiebetür offen vom Verkaufsraum mit den langen Regalreihen. Erinnerungen werden wach …

Vor Jahren besuchte ich an einem Sommertag zum ersten Mal die Seußlitzer Weinstuben. Mein Kollege Thomas Rühmann hatte mir den Mund »wässrig« gemacht und schwärmte von Lehmanns gutem Tropfen. »Mein« Chefarzt aus der Sachsenklinik musste nicht lange reden. Ich willigte ein, einen Tagesausflug nach Dies-bar-Seußlitz zu machen. Und ich habe es nicht bereut…

Jetzt erwartet uns Joachim Lehmann in der gemütlichen Gast-stube mit den rustikalen Tischen und Stühlen. Wir verbinden das Angenehme mit dem Nützlichen, lassen uns die Weinnudeln mit Schweinsfiletstreifen schmecken und erfahren mehr über die Geschichte des kleinen Familienbetriebs.

1931 hatte der Großvater, Joachim Lehmann senior, das Seuß-litzer Anwesen erworben und eine Weinstube eröffnet. Seit 1880 besaß das Anwesen das Schankrecht, und so wurde seit dieser Zeit im Gasthaus unweit der Elbe Wein ausgeschenkt. Nach be-sagter Reblausplage lagen in den späten zwanziger Jahren noch immer große Teile der Anbauflächen brach. Lehmann senior machte sich daran, den Weinberg wieder aufzureben, und wurde dabei von Landwirtschaftsrat Carl Pfeiffer unterstützt, der sich damals in Sachsen um die Wiederbelebung des Weinbaus ver-dient gemacht hat. Zu DDR-Zeiten belieferten Lehmanns dann die Meißner Winzergenossenschaft. Inzwischen bewirtschaftet die dritte Generation das Gut.

Wir sind hinauf gegangen in den Berg. Die Rebfläche, erzählt Lehmann junior, ist jetzt vier Hektar groß, und von drei weiteren Hektar werden Trauben zugekauft und verarbeitet. Die Rebstöcke stehen alle in den Lagen »Seußlitzer Heinrichsburg« und »Seußlitzer Schloßweinberg«. Dort finden Goldriesling, Müller-Thurgau, Weißburgunder, Grauburgunder, Traminer, Riesling, Blauer Zweigelt, Spätburgunder, Dornfelder und Dunkelfelder ihren Platz.

Es geht immer noch bergauf und kostet ganz schön viel Puste! Wir bekommen einen Eindruck davon, wie schwer die Arbeit im Weinberg ist, denn die Auslese erfolgt vorrangig von Hand.

Oben angekommen, werden wir mit einem traumhaft schönen Ausblick belohnt, mit einem »filmreifen« Sonnenuntergang über dem Elbtal und einem edlen Tropfen! Zu recht stolz ist der Chef, der uns noch auf eine besondere Rarität aufmerksam macht: den »Schieler«, einen Wein, der nur hier gekeltert wird, ein Verschnitt von weißen und roten Trauben.

In den gemütlichen Gästezimmern der »Seußlitzer Weinstuben« wollen wir übernachten. Morgen soll es in aller Frühe weitergehen, in die Winzerdörfer entlang der Sächsischen Weinstraße.

Bevor wir am nächsten Tag Diesbar-Seußlitz verlassen, besteht der Kameramann darauf, die Sehenswürdigkeiten des Ortes genauer anzuschauen. Und er hat recht: Barockschloss und Park

präsentieren sich im schönsten Licht! Heinrich Graf von Bünau hatte es 1722 gekauft und beauftragte keinen Geringeren als den Erbauer der Dresdner Frauenkirche, George Bähr, mit dem Umbau. So entstand aus dem ehemaligen Jagdhaus und späteren Nonnenkloster ein barockes Bauensemble, zu dem auch die Schlosskirche gehört. Im Park sind noch immer die Skulpturen zu finden, die sinnbildlich für die Jahreszeiten stehen.

Apropos Kloster. Seit mehr als 500 Jahren wird an einer alten Tradition festgehalten: Jedes Jahr zu Himmelfahrt feiern die Seußlitzer mit ihren Gästen Heiratsmarkt, auf dem man sich für einen Tag trauen lassen kann. Der Ursprung dieses Brauchs geht auf die Auflösung des Klosters zurück. Unter den bis dahin in der Abgeschiedenheit lebenden Nonnen soll damals eine Brautschau stattgefunden haben …

Mit dieser hübschen Geschichte verlassen wir Diesbar-Seußlitz und fahren auf der Sächsischen Weinstraße entlang der Elbe in Richtung Pirna. Das ist seit 1992 ganz offiziell der Name einer Ferienstraße, auf der seitdem unzählige Touristen zu Fuß, mit dem Rad, der historischen Lößnitzgrundbahn oder mit dem Dampfer unterwegs waren. Oder eben mit dem Auto, wie wir heute. Die Geschichte der Weinstraße führt aber viel weiter zurück in die Vergangenheit. So soll schon im 12. Jahrhundert ein Mönch aus dem Zisterzienserkloster Altzella von einer »Weinstraße« berichtet haben, die von Pirna über Meißen bis nach Wittenberg führte.

Nach wenigen Kilometern schlägt die Elbe einen engen Bogen, und die Straßen werden schmaler. Das heißt auch für uns, langsamer fahren und die Landschaft genießen! Es hat schon seine Richtigkeit, wenn die Gegend mitunter »Sächsische Riviera« genannt wird. Immerhin werden die Reben an den Südhängen mit 1600 Sonnenstunden im Jahr verwöhnt. Und mit neun Grad Celsius im Jahresmittel ist es nirgendwo in Sachsen wärmer als hier. Da kommt auch bei uns ein bisschen südländisches Lebensgefühl auf. Und Lust auf mehr Land und Leute und auf Wein!

Auch wenn die Hinweisschilder zwischen den kleinen Dörfern seltener werden, Obstgärten mit kleinen Weinbergen und Straußenwirtschaften gibt es genug. Und das Ganze angereichert mit Kultur!

In Kleinzadel beispielsweise finden wir ein liebevoll gestaltetes Heimatmuseum. Ebenso im Dorf Zehren, wo man eine ganze Abteilung nur für die Geschichte des Schulwesens in der Umgebung reserviert hat. Und wer sich in Zehren auf einen Schoppen Wein niederlässt, den führt der anschließende Spaziergang garantiert zur Barockkirche St. Michaelis.

Unser nächstes Winzerdorf-Etappenziel auf der Sächsischen Weinstraße ist das kleine Schieritz. Nach dem Besuch des Schlosses aus dem Jahr 1601 bleibt uns noch Zeit für einen Abstecher zur Wassermühle, die schon 1361 erbaut worden ist.

Ein bisschen mehr Zeit planen wir für unseren Besuch in Zabeltitz ein. Hier stoßen wir auf einen Namen, auf den jeder Weinkenner mit einem »Ach der!« reagiert: Graf von Wackerbarth. Der ließ sich hier im 18. Jahrhundert das fürstliche Palais als Jagdschloss errichten, dazu einen Garten im Stil der berühmten Anlagen von Versailles. Wen wundert es da, dass Schloss und Park von Zabeltitz längst kein Geheimtipp mehr sind für Heiratswillige.

Ob die sich dann auch gleich in der Dorfkirche St. Georgen den Segen »von oben« holen? Sicher ist, dass der alte Wackerbarth, seinem Wunsch entsprechend, hier seine letzte Ruhe fand. Wer sich dafür interessiert, wie das Leben der einfachen Leute zu Lebzeiten des Reichsgrafen funktionierte, dem sei ein Besuch des Zabeltitzer Bauernmuseums im restaurierten Dreiseitenhof empfohlen.

Wir haben Abschied genommen von den Elbweindörfern, sind durch Meißen, Weinböhla, Coswig und Radebeul, das Zentrum der Sächsischen Weinstraße mit seinen Barockpavillons und Lustschlössern, gefahren und entdecken hinter Dresden die Weinbergkirche von Pillnitz. Wie ein kleines Schlösschen steht sie zwischen den Rebstockreihen und reckt mit dem turmähnlichen Dachreiter ihre Nase in die Herbstsonne. So, als wollte sie sagen: »Ich bin doch mehr als der Ersatz für die abgerissene Pillnitzer Schlosskirche!« Das nämlich war die Absicht August des Starken, als er im Jahr 1723 Baumeister Pöppelmann mit der Errichtung der Weinbergkirche beauftragte. Und es stimmt: Längst ist das kleine evangelische Gotteshaus zu einem Wahrzeichen der Pillnitzer Weinberge geworden. Nach einer umfassenden Restaurierung in jüngster Vergangenheit steht die Kirche unter Denkmalschutz und gehört zur Kulturlandschaft Dresdner Elbtal.

Das wäre bestenfalls noch vom Canaletto-Blick auf Pirnas Stadtzentrum zu übertreffen! Womit wir auf der Zielgeraden unserer Reise entlang der Sächsischen Weinstraße wären. Darauf erheben wir das Glas!

Mein Tipp:
Nehmen Sie sich Zeit für Ihre Entdeckungsreise auf der Sächsischen Weinstraße und vergessen Sie nicht zu genießen: Land und Leute und den Wein! Hier sind, neben Diesbar-Seußlitz, die wichtigsten Stationen der Weinstraße: Diera-Zehren, Zadel, Schloss Proschwitz, Meißen und die Rebhänge unterhalb des Spaargebirges. Dann ist Weinböhla erreicht. Von dort geht es weiter über Coswig, in die Radebeuler Weinberge, nach Schloss Wackerbarth mit Sektkellerei und Probierstube. Im Lusthaus Hoflößnitz gibt es ein Weinmuseum mit Probierstube. Wir kommen zum Spitzhaus, das ist ein Weinschlösschen, erbaut von Matthäus Daniel Pöppelmann im Jahr 1750. Dresden ist erreicht mit der Kirche Maria am Wasser im Stadtteil Hosterwitz und der einzigen erhalten gebliebenen »Winzersäule«. Die nächsten Stationen sind Schloss Pillnitz, die Weinbergkirche »Zum Heiligen Geist« und die ehemalige Königliche Weinpresse in Pillnitz. Es folgt der Barockgarten Großsedlitz. Und schließlich endet die Sächsische Weinstraße im historischen Stadtzentrum von Pirna.

Weingut Lehmann
    An der Weinstraße 28, 01612
    Diesbar-Seußlitz, Mo–Fr
    10–16.30 Uhr und nach Vereinbarung Tel. 0173 3 83 32 33 oder
    0162 3 12 72 47 oder weingut.
    lehmann@yahoo.de
Barockschloss
    An der Weinstraße 1, 01612 Diesbar-Seußlitz. Das Schloss kann
    nur von außen besichtigt werden, der Park ist frei zugänglich.

Heimatmuseum Kleinzadel
    Auskünfte durch die Gemeindeverwaltung Diera, Am Göhrischblick 1, 01665 Nieschütz,
    Tel. 035267 5 02 18, Apr.–Okt.:
    So 10–17 Uhr
Zabeltitzer Bauernmuseum
    Apr.–Okt.: Di–Fr 10–12.30/
    14–16 Uhr, So 14–17 Uhr, Führungen über Zabeltitz-Information
    Tel. 03522 5 23 32
Detaillierte Informationen zur Weinstraße unter www.saechsischeweinstrasse.net

Döbeln

Elko hat seine Portion Hafer verputzt, die Mittagspause ist beendet, und nun geht der zwölfjährige Wallach mit Mario Lommatzsch wieder an den Start. »Der freut sich schon, das sieht man an seinem Ohrenspiel«, sagt Elkos »Herrchen« (Heißt das bei Pferden auch so wie bei Hunden und Katzen?) und trifft letzte Vorbereitungen für die nächste Tour. Immer am ersten Samstag im Monat ist das so. Von Mai bis Oktober, also dann, wenn in Döbeln Pferdebahn-Saison ist!

Sonst »wohnt« der schöne Schwarzbraune auf dem Kutscherhof in Ebersbach. Und wenn schönes Wetter ist, genießt das sächsische Warmblut mit seinen Artgenossen die Freizeit auf der Koppel.

Aber heute wird gearbeitet! Offensichtlich mit großer Freude, denn Elko rennt gleich nach dem Start am Pferdebahnmuseum ganz schön los. So, dass wir uns im Wagen besser festhalten, obwohl natürlich jeder einen Sitzplatz hat.

Auf dem Weg in die verkehrsberuhigte Innenstadt geht es vorbei am Theater, prächtigen Bürgerhäusern und niedlichen kleinen Gassen. Unterwegs erzählt Uwe Hitzschke, der Chef des Traditionsvereins Döbelner Pferdebahn, seinen Fahrgästen, dass die Bahn in der Stadt eine lange Tradition hat. Angeregt hatte das Ganze Ende des 19. Jahrhunderts der Kaufmann Ziegenhirt. Ihm, und damit sprach er für viele andere Geschäftsleute und Bürger von Döbeln, war der Weg von der Innenstadt zum Hauptbahnhof viel zu weit: Immerhin rund zweieinhalb Kilometer zu Fuß und mit Gepäck, das dauerte und war beschwerlich.

Also musste ein öffentliches Verkehrsmittel her! Gesagt, beschlossen, gebaut: Am 10. Juli 1892 setzte sich in Döbeln die erste von Pferdestärken »angetriebene« Bahn in Bewegung, vom Hauptbahnhof bis ins Stadtzentrum. Zunächst fuhren drei Personenwagen mit jeweils zwölf Sitz- und fünfzehn Stehplätzen. Später wurden es sieben Wagen, denn der Bedarf war da, um es einmal neudeutsch zu formulieren! Mehrere Wagen fuhren in der Zeit zwischen 5.30 und 23.30 Uhr täglich, jede halbe Stunde. Da kam man im Jahr locker auf bis zu dreihunderttausend Fahrgäste! Außerdem gab es drei geschlossene Postwagen und zwei Salzstreuwagen zum Freitauen der Schienen im Winter. Für einen reibungslosen Betrieb waren auf der Strecke zum Ausweichen drei Haltebuchten mit etwa fünfzehn Meter langen Gleisen gebaut worden.

Als die Pferdebahn in der mittelsächsischen Stadt im Muldetal damals ihre Jungfernfahrt machte, hatten die Amerikaner mit dieser Art des öffentlichen Nahverkehrs schon sechzig Jahre Berufserfahrung: In New York fuhr die erste Pferdestraßenbahn

1832, was sich rund um den Globus schnell herumsprach, so dass immer mehr Bahnen in Betrieb genommen wurden. Erst der Omnibus war eine ernstzunehmende Konkurrenz, schließlich auch in Döbeln! 1926 fuhr hier die letzte reguläre Pferdebahn.

Umso schöner, dass es sie nun wieder als »Sonderfahrt« für Einheimische und Touristen gibt…

Und das ist dem Traditionsverein Döbelner Pferdebahn zu danken. Seine Mitglieder sorgten mit viel Initiative und Liebe zu Pferd und Technik dafür, dass das Bähnle seit 2007 wieder rollt. Und sogar mit dem originalen Wagen 1 von 1892, allerdings als »Re-Import«! Der kam nämlich nach der Einstellung des Betriebes zunächst zur Straßenbahn Meißen und fuhr dort als Beiwagen hinter den elektrischen Triebwagen. 1937 wurde der Wagen dann endgültig ausgemustert und sah ruhigeren Zeiten im Grünen entgegen: Als Gartenlaube im Weiler Keilbusch, einem Ortsteil der bei Meißen gelegenen Gemeinde Diera-Zehren, hat er wohl so manches Laubenpieper-Fest mitgefeiert. Doch damit war im Juni 2003 Schluss. Der Döbelner Traditionsverein hat ihn geborgen, in Dresden aufwendig sanieren lassen und nach Hause geholt. TÜV-geprüft, versteht sich, und mit modernen Scheibenbremsen ausgestattet.

Doch ein Wagen macht noch keine funktionierende Pferdebahn. Dazu gehören auch Gleise, die allesamt neu verlegt werden mussten, weil die alten ausgedient hatten.

So mancher Einheimische ist traurig, dass die neue Pferdebahn nicht mehr bis zum Hauptbahnhof fährt. »Das ist alles eine Frage des Geldes«, erklärt Uwe Hitzschke, »wobei wir von Anfang an sehr gut unterstützt wurden durch den Stadtrat und die Stadtverwaltung, durch das Land Sachsen und durch den Bund, die mit Fördergeldern 85 Prozent der Gesamtkosten getragen haben. Die restlichen fünfzehn Prozent haben der Verein und Sponsoren aufgebracht. Immerhin können wir nun wieder vom Museum zum Obermarkt und zurück fahren. Die Besucher nehmen das gern an. Was uns besonders freut: Viele kommen von außerhalb und scheuen sich auch nicht vor einer weiten Anreise.«

So ist es auch an diesem Samstag, als wir am Obermarkt aussteigen und Elko seine Pause gönnen. »Und dem armen Tier wird das auch nicht zu schwer?«, wendet sich eine besorgte Touristin an Pferdeführer Mario Lommatzsch. »Auf keinen Fall. Dann würde ich ihn niemals einspannen.« Und der Vereinschef ergänzt: »Bevor wir den Betrieb aufgenommen haben, haben wir den Tierschutz konsultiert. Vom Europ-Pferde-Institut in Fürth und von einem unabhängigen Sachverständigen wurde vor Ort alles geprüft. Unter anderem die Fahrstrecke, das Gewicht des Wagens und natürlich auch Gesundheit und Haltung der Pferde. Am Ende bekamen wir ein Gutachten, das alle Bedenken ausräumt.« Und als hätte Elko alles verstanden, galoppiert er los und legt sich kräftig ins Zeug. Durch die Bäckerstraße geht es zum Niedermarkt ...

Nach einer gemütlichen und abwechslungsreichen Fahrt kommen wir wieder zurück zum Deutschen Pferdemuseum am Niederwerder. Das wollen wir uns nicht entgehen lassen. Die um Elkos Wohl besorgte (und jetzt beruhigte) Mitfahrerin nimmt den gleichen Weg und macht uns auf das Kombi-Ticket aufmerksam, mit dem Besucher auf Fahrt und ins Museum gehen können. Mit dieser Möglichkeit hat es Döbeln geschafft, ein »Lebendiges Museum« zu präsentieren, das seit 2014 zur »Route der Industriekultur in Sachsen« gehört.

Zum Museum, das sich in einem sanierten Gebäude aus dem Jahr 1903 befindet, gehört auch eine Wagenhalle. Aber die ist gerade leer. Logisch, Elko ist ja unterwegs. Wenn keine Fahrten anstehen, dann kann der Wagen hier genauestens inspiziert werden, und Technik-Freaks erfahren Details über die Instandsetzung des historischen Gefährts.

Nun aber in die Ausstellung, in der auf fünfzig Schautafeln und am Beispiel verschiedener Exponate und Modelle über die Geschichte und Entwicklung der Pferdestraßenbahnen informiert wird. Diese hat es früher weltweit in mehr als 1700 Städten gegeben hat, ist zu lesen.

Dass es hier für jeden etwas zu entdecken gibt, hat unser vierköpfiges Drehteam »nachhaltig« bewiesen: Plötzlich war jeder an einem anderen Ausstellungsstück »hängen« geblieben. Am weitesten entfernt stand der Kameramann: Die große Pferdebahn-Modellanlage hatte es ihm angetan! Kein Wunder, an dieser Miniaturausgabe der großen Bahn bewegt sich einfach alles: Die Beine des Pferdes, die Räder des Wagens, die Schranken öffnen sich, die Signale wechseln von rot auf grün, und, und, und! »Das metert«, pflegen Kameraleute zu sagen bei solchen Bildangeboten ohne Ende…

Und dabei haben wir mit der Pferdebahn und dem dazugehörigen Museum gerademal einen Drehort »abgearbeitet«! Also, auf zum nächsten, und das am besten mit Riesenschritten…

Dürfte kein Problem sein mit Schuhgröße XXXXL! Mit einer Sohlenlänge von 1,90 Metern und einer Schafthöhe von sage und schreibe 3,70 Metern hat Döbeln einen Riesenstiefel zu bieten, der natürlich zum Wahrzeichen der Stadt wurde!

Für Handwerkszünfte war es von jeher eine willkommene Gelegenheit, mit einem besonders großen oder auch einem winzig kleinen Stück ihrer Arbeit auf sich aufmerksam zu machen. Da machten die Schuhmachermeister mit ihren Gesellen und Lehrlingen keine Ausnahme. »Besonders groß, besonders schön«, dachten sich im Jahr 1860 beispielsweise die aus Görlitz und fertigten einen Riesenstiefel an, der für Aufsehen sorgte.

Was den Görlitzern recht war, war den Dresdnern billig, die 1914 mit ihrem Riesenstiefel zum Wettbewerb der Superlative antraten. Und der fand schließlich 1925 in Döbeln seine Fortsetzung: In 750 Arbeitsstunden wurde ein Riesenstulpenstiefel gebaut. 200 Kilo wog er am Ende, nachdem zehn Rindshäute

Oberleder und 92 Kilo Bodenleder verarbeitet waren. Das Sporenrad hatte einen Durchmesser von einem halben Meter. Anlass für dieses ehrgeizige Unterfangen war das 600-jährige Bestehen der Döbelner Schuhmacherinnung. Die sechs beteiligten Meister wurden gefeiert wie Helden!

Doch schon bald nach der Jubelfeier geriet der »Große« in Vergessenheit. Wäre da nicht Schuhmachermeisters Gerhard Berthold aus Leisnig gewesen, der den Stiefel holte, restaurierte und gut pflegte. Und weil ein solches Riesending natürlich in keinen Schuhschrank passt, fand er einen würdigen Platz im Museum der Burg Mildenstein, wo ihn die Besucher bewundern konnten.

Am 29. März 2010 machte sich der Stiefel schließlich auf den Heimweg nach Döbeln. Auf der Burg konnte er nicht länger bleiben, die brauchte eine Umbau- und Schönheitskur. Letztere hatte nach 53 Jahren Museumsaufenthalt auch der Stiefel nötig. Die Dresdner Lederrestauratorin Beate Rieß und ihre Mitarbeiterin Stephanie Schonnop leisteten ganze Arbeit, wobei es auch dem verschlissenen Innenfutter ans Leder ging! Eine maßgefertigte Aluminiumkonstruktion im Inneren verleiht dem in die Jahre gekommenen Burschen wieder Sicherheit und Standfestigkeit.

Und so macht es dem Riesenstiefel auch nichts aus, im Sitzungssaal des Döbelner Rathauses jedes Jahr viele Besucher mit neugierigen Blicken an sich vorbeiziehen zu lassen oder den Konzerten zu lauschen, die hier erklingen. Ganz zu schweigen davon, die Beratungen »durchzustehen«, die der Stadtrat im Saal abhält …

Ich hätte den Riesen ja gern gefragt, ob an dem Gerücht etwas dran sei, es habe um ihn vor seiner Rückkehr in heimatliche Gefilde einen richtigen »Stiefelkrieg« gegeben zwischen Döbeln und Leisnig. Aber eigentlich ist das auch gar nicht wichtig, Hauptsache er glänzt wieder!

Und das gibt ihm auch die nötige Gelassenheit, einen neuen, jüngeren und auch 20 Zentimeter größeren Döbelner Stiefel nicht als Konkurrenz anzusehen. Den jungen Spund haben die Schuhmacher im Jahr 2003 angefertigt und vorgestellt. Einen Vorzug hat diese »Nummer 2« allerdings: Der Stiefel lässt sich »zusammenfalten« und damit besser zu Volksfesten und Messen transportieren. Aber das brauchen ja ältere Semester nicht unbedingt!?

Wo kann man sich besser aus der Stiefelstadt verabschieden als am Stiefelbrunnen auf dem Niedermarkt? Hier und in den angrenzenden Straßen ist das ganze Jahr über immer etwas los. Da werden zum Beispiel Stiefelfeste, sprich Stadtfeste, gefeiert und Stiefelköniginnen gekrönt. Wir sitzen einfach nur am Brunnenrand, genießen ein Feierabendeis und winken Elko noch einmal zu. Der fährt auf seiner letzten Tour für heute zum Pferdebahnmuseum zurück, wo er umsteigt in einen bequemen Hänger. Und dann ab nach Hause auf die Koppel und den anderen erzählen, wie wunderbar aufregend es wieder war, Bahn zu fahren ...

Mein Tipp:
Ganz oben auf der Liste meiner empfohlenen Sehenswürdigkeiten in Döbeln steht die Hallenkirche St. Nicolai, ein 1479 errichteter spätgotischer Sakralbau. 1885 wurde sie neugotisch umgebaut. Der große Schnitzaltar stammt aus der Zeit um 1515.
Es lohnt sich auch, dem Rathaus mehr als einen Blick zu schenken! Das prächtige Bauwerk steht am Obermarkt und kann mit einem 59 Meter hohen Turm mit Aussichtsplattform aufwarten. Im Turm des Gebäudes befinden sich das Stadtmuseum und die Kleine Galerie. Viel Spaß macht auch ein Bummel durch die historische Altstadt mit dem Stadtkern auf der Mulde-Insel rund um Ober- und Niedermarkt und durch die kleinen Gassen mit den liebevoll sanierten Bürgerhäusern. Kunst- und Kulturfreunden sei eine Vorstellung oder ein Konzert im Mittelsächsischen Theater bzw. der Philharmonie empfohlen.

Deutsches Pferdebahnmuseum
    Niederwerder 6, 04720 Döbeln,
    Di–Fr 10–17 Uhr, Sa 9.30–12.30
    Uhr, Fahrtage der Pferdebahn
    unter www.doebelner-pferde-
    bahn.de
Hallenkirche St. Nicolai
    Obermarkt, 04720 Döbeln,
    Di–Fr 13–17 Uhr, Sa 13–16 Uhr

Stadtmuseum und Kleine Galerie
    Obermarkt 1, 04720 Döbeln,
    Di 10–18 Uhr, Mi/Do 10–16 Uhr,
    Fr 9–12 Uhr
Döbeln-Information
    Obermarkt 1, 04720 Döbeln,
    Mo–Fr 9–13/13.30–17.30 Uhr,
    Sa 9–12 Uhr

Dohna

Wir stehen auf dem Burgberg und schauen auf die Stadt Dohna. Malerisch liegt es da, das Städtchen südlich von Heidenau, am Eingang zum Müglitztal. Den Touristen wird es gern als »Tor zum Osterzgebirge« offeriert. Der Vollständigkeit halber muss ich aber hinzufügen: Osterzgebirge/Sächsische Schweiz! Und ich muss es wissen, denn ich bin hier geboren. Lange währte mein Aufenthalt in Dohna allerdings nicht. Kaum hatten meine Mutter und ich (in Gestalt eines gewindelten Bündels) das städtische Krankenhaus verlassen, zog die Familie um nach Stolpen. Umso schöner, dass mich heute die Arbeit wieder einmal in die Stadt »meiner Wurzeln« führt.

»Wenn Steine reden könnten«, ist diesmal das Motto unserer Entdeckungstour durch den Ort. Und da gibt es eine Menge zu entdecken!

Bleiben wir doch gleich auf dem Berg, da, wo alles begann. Schon 1600 Jahre vor Christi ließen sich hier nachweislich die ersten Siedler nieder. Und auch der Robisch, ein nahe gelegener Burgwall, ist eine der ältesten Höhensiedlungen der Lausitzer Kultur in Sachsen. Sie entstand etwa 1200 vor unserer Zeitrechnung. Beide Burgen hatten vermutlich die Aufgabe, die vorbeiführenden Wege zu überwachen. Damit sind wir bei einem ganz entscheidenden Punkt für die Entwicklung von Dohna, der geografischen Lage. Die Stadt liegt an einem historisch wichtigen Verkehrsweg Sachsens nach Süden, dem so genannten Kulm-Nollendorfer-Pass.

Auch im Mittelalter zählten die Dohnaer Burgen zu den bedeutendsten in der Mark Meißen. 1402 wurde die Burg auf dem Burgberg bei der Einnahme durch Markgraf Wilhelm den Einäugigen teilweise zerstört. Erhalten blieben jedoch die Wohngebäude. Erst als die selbständige Vogtei Dohna an Pirna überging, verfiel die Burg vollends. Für stolze 80 000 Taler plante Heinrich Ludwig von Dohna zu Beginn des 19. Jahrhunderts einen Wiederaufbau der Stammburg. Er kaufte den Burgberg, ließ den Schutt beseitigen und Ausgrabungen vornehmen. Der Bau des heutigen Runden Turms begann. Doch die napoleonischen Kriege vereitelten die Verwirklichung des ehrgeizigen Projektes. Nach mehreren Ausgrabungen im 19. und 20. Jahrhundert sind der Burgberg und der Robisch seit 1935 als Bodendenkmal geschützt. Heute liegen sie still und friedlich und freuen sich über Wanderer und Ausflügler.

Ein bedeutendes Architekturdenkmal von Dohna steht auf dem Marktplatz, die evangelische Marienkirche, eine spätgotische dreischiffige Hallenkirche, 1489 geweiht. Wir betreten das Gotteshaus durch das Hauptportal auf der Südseite und werden auf ein Relief aus Sandstein aufmerksam gemacht. Ein Relikt aus der ersten Hälfte des 13. Jahrhunderts, erfahren wir, und stummer Zeuge dafür, dass es hier einen Vorgängerbau gegeben hat. Der war im Jahre 1402 zerstört worden.

Das Kirchenschiff erscheint riesig, und die Sonne taucht es in warme, helle Farben: die hohe Gewölbedecke und die aufstrebenden Pfeiler in Weiß; in Graugrün, mit golden abgesetzten Verzierungen, die Emporen. So, wie es zwischen 1833 und 1843 nach Joseph Türmers und Gottfried Sempers Festlegungen ausgeführt worden war. In dieser Zeit haben die Baumeister den Innenraum der Kirche in der Länge und in der Höhe erweitert und die Emporen eingebaut.

Aus Sandstein ist auch der mittelalterliche Taufstein, den Engelsfiguren schmücken. Der spätgotische Flügelaltar, unter anderem mit Ölgemälden zur Geburt Christi, stammt von 1518. Ist der Altar geöffnet, sind Maria mit dem Jesuskind zu sehen und weitere heilige Jungfrauen. Beeindruckend auch die reich verzierte Kanzel aus der Zeit um 1700.

In der Marienkirche sind viele Andenken an einflussreiche adlige Familien vergangener Jahrhunderte zu finden. Stifterwappen, Betstübchen und Epitaphien erinnern beispielsweise an Günther von Bünau. Auch Hans von Carlowitz zu Zuschendorf gehörte zu den angesehenen Persönlichkeiten Dohnas. Er starb im Jahr 1578 und wurde hier beigesetzt. So die Inschrift auf seiner Grabplatte.

Eine Freitreppe führt zum 51 Meter hohen Kirchturm hinauf, ein »Muss« für unseren Kameramann und die Gelegenheit für einen erhobenen und zugleich erhebenden Blick auf Dohnas Altstadt.

Als wir die Kirche verlassen, beginnt ein Orgelkonzert. 1896 war das Instrument von einer Bautzener Firma erbaut worden. Bachs Musik begleitet uns noch auf unserem Rundgang über den alten Kirchhof, auf dem es bis zum Ende des 16. Jahrhundert Beerdigungen gab. Vereinzelt wurde in den Grüften des Kirchhofs noch bis 1867 beigesetzt, bevor man den Gottesacker ausgangs des 19. Jahrhunderts in eine parkähnliche Anlage umgestaltete. Gut, dass dabei eine große Anzahl alter Gräber und Grabsteine erhalten wurde, die heute ebenfalls stumme Zeugen historischer, ja zum Teil dramatischer Ereignisse in und um Dohna sind. Dazu gehören auch die Grabstätten, in denen zwei sächsische Kürassiere ihre letzte Ruhe fanden. Sie »starben ehrenvoll« in den Befreiungskriegen 1813, wie auf den Steinen zu lesen ist.

Ich erinnere mich an eine Lesung in meiner Geburtsstadt, in der es auch um das Jahr 1813 ging, insbesondere um die so genannte »Kaisernacht« vom 8. September. Unermesslich muss das Leid gewesen sein, das in jener Nacht die russischen und französischen Truppen beim Kampf über die Stadt brachten. Viele Tote, auch unter den Einwohnern, und unzählige Häuser, Ställe und Scheunen, die nach dem Durchzug der Soldaten in Schutt und Asche lagen. Der Heimatforscher Georg Friedrich Möring hat 1814 eine »chronologische Darstellung der Begebenheiten« vom Jahr 1813 zu Papier gebracht. Ganz still war es im Gemeindesaal in der Pestalozzistraße, als ich auf Einladung des Heimatvereins aus dieser Schrift las …

Inschriften an vielen Häusern in der Altstadt erinnern an dieses »Schicksalsjahr« von Dohna. Und natürlich gibt es an den Postmeilensäulen auf dem Markt und an der Reppchenstraße Hinweise auf diese schlimme Zeit.

Eine Schülergruppe überquert den Markt und nimmt die dortige Distanzsäule ins Visier. Die jungen Leute amüsieren sich über die Entfernungsangaben: 3 Stunden nach Dippoldiswalde, 9 Stunden nach Freiberg, 25 brauchte man bis Zwickau, und 39 Stunden war die Postkutsche unterwegs, bevor Karlsbad erreicht war. Wir kommen ins Gespräch, und ich verrate, was ich im Abschnitt »Postmeilensäulen Dohna« des kleinen Stadtführers gelesen habe. Diese Meilensteine hatte kein Geringerer als August der Starke in Auftrag gegeben. Sie waren die ersten dauerhaften und korrekten Wegbezeichnungen. 1729 wurde die Alte Teplitzer Poststraße, die von Dresden über Dohna und Köttewitz nach Fürstenwalde zum Kamm des Erzgebirges führt, vermessen. Landesgeograf Adam Friedrich Zürner tat dies mit Hilfe eines Messwagens, worauf aller viertel, halben und ganzen Meilen verschiedenartige Markierungssteine gesetzt wurden. Neben den Entfernungsangaben sind auf den Postmeilensäulen auch immer schmückende Verzierungen zu finden. Hier, auf der Säule am Dohnaer Marktplatz, prangt das Wappen des Landesvaters, also Augusts, ganz in Gold! Einer der Schüler lacht: »Cool, ein Navi aus Stein!«

Wir verabschieden uns und machen uns auf den Weg zu den nächsten steinernen Sehenswürdigkeiten der Stadt. Lange müssen wir nicht suchen und auch gar nicht weit laufen. Gegenüber, auf der anderen Straßenseite, befindet sich der Ratskeller. Architektonische Besonderheiten sind das Renaissanceportal aus dem 16. Jahrhundert und eine Ritterskulptur, die an einer Ecke des Gebäudes »Platz genommen hat«: der Burggraf Jeschke! Ein Hinweis darauf, dass der Ratskeller ehemals ein burggräfliches Vorwerk war und auch als Tagungsort des so genannten »Schöppenstuhls«, einer Rechtssprechung in Lehns- und Erbsachen, diente. Den Burggrafen von Dohna oblag die königliche Gerichtsgewalt in ihrer Grafschaft. Den Vorsitz des Schöppenstuhls übernahmen die Burggrafen, adlige Vasallen waren Beisitzer. Heute ist der Begriff »Gericht« in diesem Haus mit Gastlichkeit und feinen Speisen und Getränken besetzt! Soll heißen: Der Ratskeller ist eine Schänke, gern besucht von Touristen wie Einheimischen gleichermaßen.

Vor allem die Auswärtigen treibt es nach gutem Essen und Trinken zum Fleischerbrunnen auf der anderen Seite des Markt-platzes. Hier können sie auf dem achteckigen Brunnenrand Platz nehmen, sich ausruhen, die Beine im Wasser baumeln lassen und sich über das traditionelle Fleischerhandwerk von Dohna infor-mieren. Die hiesige Fleischerzunft bekam 1462 das wichtige Pri-vileg, schlachten zu dürfen und damit auch Dresden mit Fleisch zu versorgen. Mit dem Brunnen, der an einem schönen Maitag des Jahres 1912 eingeweiht wurde, sollte dieser alten handwerkli-chen Tradition ein Denkmal gesetzt werden. Der junge Bronze-mann in der Mitte ist 4,50 Meter groß, trägt eine Knopfaxt auf der Schulter und an der Seite Messer und Wetzstahl. Fleischer-geselle Carl Damm stand damals dem Dresdner Bildhauer Alex-ander Höfer Modell. Und damit der kernige Bursche sicher steht und keine nassen Füße bekommt, hat der Dohnaer Baumeister Max Munde für den Brunnen ein festes Fundament gegossen. Bezahlt wurde das Ganze aus öffentlichen Mitteln und aus ei-ner Stiftung des Heimatforschers Sanitätsrat Dr. Karl Lesche, ei-nes umtriebigen Mannes, der sich dafür eingesetzt hat, dass es in Dohna ein Heimatmuseum gibt.

Jetzt besuchen wir Katharina von Weida, Burggräfin zu Dohna! Auch ihr Schicksal und das ihrer Kinder wurden in Stein gehauen und ist als Denkmal in einer kleinen Grünanlage im Stadtzentrum gegenwärtig. Katharina war die Gemahlin von Jeschke, jenem Burggrafen, der in Rittermontur an der Ecke des Ratskellers sitzt. Sie musste mit ihren Söhnen Nicolas und Jeschke II. am 19. Juni 1402 die Burg verlassen. Der Machtkampf mit den Wettinern war verloren und damit die siebzehn Jahre währende »Dohnaische Fehde« beendet. Der Burggraf beauftragte den Hauptmann Jonas Daniel, Katharina und die Kinder in Sicherheit zu bringen. Doch im Wald von Klotzsche wurde die Gruppe überfallen und der Hauptmann erstochen. An diese traurige Geschichte erinnert der Bildhauer Werner Rauschhardt mit seinem Denkmal.

Während wir uns Katharina, die Buben und den erstochenen Hauptmann genauer ansehen, kann ich nicht umhin, dem Drehteam noch vom langen Weg des Kunstwerks zu erzählen: 21 Jahre hat es gedauert, bis es an seinem Platz aufgestellt wurde. Rauschhardt war noch zu DDR-Zeiten beauftragt worden, die Arbeit bis zur 950-Jahr-Feier der Ersterwähnung der Burg Dohna im Jahr 1990 anzufertigen. Als das Denkmal fertig war, hatte auch in Dohna die neue Zeit begonnen – und plötzlich wollte niemand mehr Katharina haben. Erst im April 2011 war bei allen die »Erinnerung« wieder da, und seitdem ist die Burggräfin samt Gefolge eines der meistbesuchten Kunstwerke der Stadt. An Sonnentagen wie heute würde ich ihr ja am liebsten einen Strohhut aufsetzen. Die echten Dohnaer, wie ich nun einmal einer bin, wissen warum …

Mein Tipp:
Und damit auch Sie Bescheid wissen, sollten Sie unbedingt das Heimatmuseum besuchen. Dort geben verschiedene Dauerausstellungen Auskunft über die Geschichte der Stadt und der Umgebung. Darüber hinaus gibt es mehrmals jährlich Sonderausstellungen. Mit der Präsenzbibliothek des Heimatmuseums und dem Museumsarchiv stehen weitere Informationsquellen zur Verfügung. Eine kleine Ausstellung widmet sich einem speziellen Kapitel der Handwerks-

geschichte von Dohna, nämlich der Strohflechterei und der Herstellung von Strohhüten. In der Umgebung gab es viele so genannte »Strohdörfer«. Dort wurde das Stroh des Sommergetreides geflochten und daraus u. a. Kappen und Hüte gefertigt. 1709 soll es hier den ersten »Schaub- bzw. Schobhuthändler« gegeben haben. Anfang des 19. Jahrhunderts boomte dann die Hutmode! Wie in Dresden und in Kreischa, so eröffnete man auch in Dohna bald die erste Manufaktur. Schon 1801 wurden 100 000 Strohhüte angefertigt! Wenn das kein Grund ist, Hut zu tragen...

St. Marien
   Pfarrstraße 1, 01809 Dohna,
   Besichtigung März–Dez.:
   So 14–16 Uhr oder nach Verein-
   barung unter Tel. 03529 51 66 70

Heimatmuseum
   Am Markt 2, 01809 Dohna,
   Di–Do 14–16 Uhr,
   Sa/So 14–17 Uhr oder
   nach Vereinbarung
   Tel. 03529 51 26 28 oder
   stadtmuseum@stadt-dohna.de

Görlitz

Wenn Fernsehleute in die östlichste Stadt Deutschlands fahren, die zugleich die größte der Oberlausitz ist, dann führt kein Weg vorbei an »Görliwood«! Das ist inzwischen weit mehr als nur ein liebevoller Beiname, den die Einwohner ihrer Heimatstadt gegeben haben. Es ist eine Wortmarke, die am 22. Mai 2013 beim Patentamt eingetragen wurde und darauf hinweist, dass Görlitz sehr oft als Kulisse für internationale Kino- und Fernsehproduktionen dient.

Und so sind die in den vergangenen Jahrzehnten am meisten gefilmten Straßen und Plätze von »Gerltsch«, um es einmal in Oberlausitzer Mundart zu sagen, unser Kompass bei der Entdeckung der Stadt.

Drehen wir die Filmchronik von »Görliwood« auf Anfang, dann erscheinen die Jahre 1954 und 1955. Schon damals hatte die DEFA Kamera und Stativ in Görlitz aufbauen lassen. Regisseur Kurt Maetzig drehte hier Außenaufnahmen für zwei Filme über den Arbeiterführer schlechthin: »Ernst Thälmann – Sohn seiner Klasse« und »Ernst Thälmann – Führer seiner Klasse«. In der Titelrolle Günther Simon, der damit seine erfolgreiche Filmkarriere begründete. Die Filme über das Leben des Vorzeigekommunisten liefen nicht nur in den Kinos der DDR. Ich war damals zehn Jahre alt und gemeinsam mit meinen Klassenkameraden begeistert über die Sondervorführung des Thälmann-Films in der Aula unserer Schule. Schließlich fiel an diesem Tag der Unterricht aus! »Cool«, meint unsere junge Ton-Assistentin und ist erstaunt, dass an der berühmten »Thälmann-Mauer« in der Görlitzer Bergstraße am Rande der Altstadt immer noch der Schriftzug »Wählt Thälmann« zu lesen ist. Der wurde damals bei den Dreharbeiten mit Ölfarbe an die Backsteinmauer geschrieben.

In den 1980er Jahren drehte man hier wieder einen Thälmann-Film und ließ den Schriftzug erneuern. Später hieß es, die Farbe ginge nun nicht mehr ab! Und weil der Satz da schon als wichtiges Zeugnis für die Anfänge der Filmgeschichte von Görlitz stand, wurde er geschützt. Jahre später musste die Schrift für einen anderen Film übermalt werden. Bei der Reinigung nach den Dreharbeiten verschwand der Thälmann-Schriftzug gleich mit! Die Stadt scheute weder Mühe noch Kosten, beauftragte einen Kunstmaler aus Berlin, die Mauer wieder zu bemalen und die Schrift »alt« aussehen zu lassen … Hollywood-reif, oder?

Und tatsächlich ließen die Amerikaner nicht lange auf sich warten: Für den Streifen »In 80 Tagen um die Welt« verwandelten sie im Jahr 2002 Teile von Görlitz zum Paris des 19. Jahrhunderts. Als New Yorker Hafengebäude diente der historische Ziegelbau der Landskronbrauerei. Das tat den gewaltigen Backsteinmauern der 1872 gegründeten Brauerei keinen Abbruch. Die stehen immer noch fest verankert am Ufer der Lausitzer Neiße und auch immer noch unter Denkmalschutz! Doch auch wenn hier keine Filmkameras aufgebaut sind, werden das ganze Jahr über Gäste begrüßt. Zum Beispiel bei Veranstaltungen und Live-Konzerten, die im Festsaal des Gebäudes oder im Garten-Areal stattfinden.

Wir sind auf dem Untermarkt angelangt, dem wohl beliebtesten und gefragtesten Filmmotiv. Hier sind unter anderem 2008 Szenen für die deutsch-amerikanische Romanverfilmung »Der Vorleser« entstanden. Ganz Görlitz stand Kopf, als Kate Winslet, Ralph Fiennes, Bruno Ganz, Hannah Herzsprung, Matthias Habich und Burghart Klaußner anreisten, um nur einige der Stars zu nennen. Und die meisten Einheimischen nahmen es dann auch gelassen, dass während der Dreharbeiten mehrere Straßen-

züge gesperrt blieben und der gesamte Straßenbahnfahrplan angepasst werden musste. Görlitz verwandelte sich in Heidelberg
im Jahr 1950! Im November des gleichen Jahres war schon wieder
Showtime auf dem Untermarkt: Quentin Tarantino drehte seinen Kriegsfilm »Inglourious Basterds«, und die Damenwelt von
»Görliwood« lauerte auf Brad Pitt!

Heute Vormittag ist die Lage entspannt, und wir legen das
Filmgeschichtsbuch der Stadt für einen Moment aus der Hand,
um auf der Südseite des Untermarktes eines der berühmtesten
Gebäude des Platzes zu besuchen, den Schönhof.

Mit seiner grauen Fassade, den rotbraun abgesetzten Fenster-
fronten und dem riesigen Erker fällt es auf. 1526 erbaut, ist es
das älteste bürgerliche Renaissancegebäude nördlich der Alpen.
Durch den großen Torbogen sind wir hineingegangen und werden von Dr. Markus Bauer empfangen. Er ist der Hausherr. Bevor er uns als Direktor des Schlesischen Museums zu Görlitz sein
Haus vorstellt, macht er auf den Deckenschmuck in vielfältigs-
ten Formen und Farben aufmerksam, der noch aus der Zeit der
Erbauung stammt.

Der Rundgang durch die Ausstellung wird zu einer spannenden Entdeckungsreise in ein faszinierendes Land mitten in Eu-

ropa: Schlesien, eine Region mit bewegter Geschichte und viel-
fältiger Kultur, die sich beiderseits des Ober- und Mittellaufs der
Oder erstreckt und im Süden entlang der Sudeten und Beskiden.
Im Schönhof werden auf einer Fläche von zweitausend Quadratmetern Kunsthandwerk und Kunstgewerbe des 17. bis 19. Jahrhunderts gezeigt, Objekte der Alltagskultur, des Handwerks und
der Industrie, des Großstadtlebens und der Kunst des 19. und
frühen 20. Jahrhunderts. Aber auch Arbeiten der klassischen modernen Kunst aus dem Umkreis der Breslauer Akademie sind im
Museum zu finden.

Besonders beeindruckt hat mich der Ausstellungsbereich
»Schlesien im Nationalsozialismus und im Zweiten Weltkrieg«.
Dort wird jenes dunkle Kapitel der Geschichte Schlesiens beleuchtet, das 1933 begann, als auch hier demokratische Instituti-
onen zerstört wurden und man mit Traditionen von Freiheit und
Toleranz brach. Schlüssel, Koffer, Taschen, Kleidung oder Zettel
mit handschriftlich verfassten Nachrichten, kurzum, sehr per-
sönliche Dinge aus dem Alltag der Bevölkerung, die nach Kriegsende aus ihrer Heimat vertrieben wurden, sind hier hinterlegt.
Alles erinnert an tiefe Einschnitte im Leben der Menschen, an
schmerzliche Verluste.

Nach dem Besuch des Schlesischen Museums überqueren wir den Untermarkt und beschließen, eine Pause zu machen, bevor wir wieder in der Filmchronik von Görlitz blättern.

An der Ecke zur Petersstraße befindet sich das Gebäude, in das 1771 die Ratsapotheke eingezogen war. Eine Touristengruppe hört aufmerksam zu, als ihre Reiseleiterin die astronomischen Zeichnungen an der Fassade zwischen der ersten und zweiten Etage erklärt. Sie stammen von 1550. Angefertigt hat sie Zacharias Scultetus, ein Bruder von Bartholomäus Scultetus, Mathematiker, Astronom und damals Richter und Bürgermeister von Görlitz. Schön, dass man jetzt in der Ratsapotheke Kaffee trinken kann! Doch wir haben Pech, die Touristen sind schneller und haben alle Plätze im Ratscafé belegt.

Zwei Häuser weiter klappt es! Noch ein schönes Café, wie es viele hier gibt, und dennoch hat es etwas Besonderes zu bieten: einen Flüsterbogen! Das ist ein spätgotisches Rundbogenportal mit vielen Verzierungen. Dank dieses Rundbogens und seiner hervorragenden akustischen Eigenschaften können zwei, die jeweils am Ende des Bogens sitzen, sich etwas zuflüstern und werden vom anderen bestens verstanden! Wir haben es ausprobiert, und ich habe laut und deutlich die Worte unserer Autorin verstanden: »Es geht weiter, nächster Drehort ist das Jugendstilkaufhaus am Demianiplatz!«

Schade, dass wir es nur von außen betrachten und drehen können, denn bis voraussichtlich 2018 ist das Kaufhaus geschlossen und wird saniert. Dann soll es wieder Kunden und Händler gleichermaßen anlocken. Inhaber Winfried Stöcker liegt es sehr am Herzen, dass das Haus seinem ursprünglichen Zweck gerecht werden kann: ein architektonisches Schmuckstück, in dem Handel und Wandel erblühen! Dafür soll ein Teil der Verkaufsflächen an Görlitzer und Oberlausitzer Kaufleute vermietet werden. Aber auch überregionale und internationale Hersteller und Händler sind willkommen.

Doch bevor es soweit ist, sind Handwerker die Hauptakteure. Das war im Winter 2012/13 für kurze Zeit anders. Da fanden im Jugendstilkaufhaus am Demianiplatz und in der Stadthalle Dreharbeiten für den Film »Grand Budapest Hotel« statt. Wir erfreuen uns also an der schon lange restaurierten Fassade des berühmten Görlitzer Kaufhauses. Das tat übrigens auch schon der deutsch-ungarische Regisseur Fred Kelemen, der hier 1998 einen Teil seines Films »Abendland« drehte.

Es wird Zeit, dass wir uns einmal mit der Baugeschichte des historischen Einkaufstempels beschäftigen. In den Jahren 1912 und 1913 wurde es im Jugendstil als Skelettkonstruktion errichtet. Vorbild für die Gestaltung der Fassade war das Berliner Kaufhaus Wertheim am Leipziger Platz. Die Entwürfe hatte der Potsdamer Architekt Carl Schmanns vorgelegt, der Görlitzer Baumeister August Kämpffer übernahm die Ausführung. Als eines der wenigen Warenhäuser dieses Typs überstand es den Krieg.

Dieses Glück hatten viele Gebäude und ganze Straßenzüge von Görlitz. Deshalb ist die Europastadt eben auch bei den Leuten vom Film so beliebt. Ein architektonischer Reichtum, mit dem die Stadt natürlich auch bei Touristen punktet. Mit beinahe viertausend Baudenkmalen aus 500 Jahren ist hier europäische Baugeschichte zu erleben! Zum größten Teil sind sie aufwendig saniert und repräsentieren die verschiedensten Epochen, von der Gotik über die Renaissance bis zur Gründerzeit und dem Jugendstil.

Zu den bekanntesten Plätzen der Stadt gehört der Demianiplatz, den es schon seit dem 15. Jahrhundert gibt. Damals vergrößerte sich die Stadt in rasantem Tempo, und der Demianiplatz

wurde schon damals zu einem der wichtigsten Plätze. Zentral gelegen, entwickelte er sich als Knotenpunkt des innerstädtischen Verkehrs. Das ist noch heute so! Auf einer rund 13 500 Quadratmeter großen, langgestreckten Fläche haben Straßenbahnen, Busse, Autos, Radfahrer und Fußgänger genügend Platz.

Unser Weg führt uns noch einmal zurück zum Untermarkt, der offensichtlich beliebtesten und immer wieder ausgewählten Kulisse von »Görliwood«! Die Filmchronik der Stadt hätte erhebliche Lücken, würden wir Titel weglassen wie »Der Gevatter Tod«, ein Märchen, gedreht 1980, »Goethe!« von Regisseur Philipp Stölzl oder die Romanverfilmungen »Der Turm« und »Die Vermessung der Welt«, die beide 2011 in der Stadt produziert wurden. Natürlich gehört auch »Die Bücherdiebin« dazu, die in der Nazi-Zeit spielt. Deshalb mussten während der Dreharbeiten am Untermarkt und am Bahnhof Hakenkreuzfahnen wehen.

Und das Kino nimmt keine Ende in »Gerltsch«: 2015 entstand hier der Spielfilm »Jeder stirbt für sich allein« nach dem gleichnamigen Roman von Hans Fallada mit Brendan Gleeson, Emma Thompson und Daniel Brühl in den Hauptrollen.

Heute herrscht auf dem Untermarkt am späten Nachmittag immer noch reges Treiben, auch ohne Hollywood-Größen! Viele Touristen sind unterwegs, die nicht nur wegen der »Filmfritzen« kommen, sondern weil Görlitz einfach eine wunderschöne Stadt ist. Der ehemalige Präsident der Deutschen Stiftung Denkmalschutz, Professor Gottfried Kiesow, meinte sogar, es sei die schönste Stadt Deutschlands …

Mein Tipp:
Als Nachtrag zum Thema »Film und Fotografie« noch ein Geheimtipp: Etwas außerhalb der historischen Altstadt gibt es ein kleines, feines Museum, das über die traditionsreiche Geschichte der Fotografie in Görlitz berichtet. Unbedingt hingehen!

Zu den vielen Sehenswürdigkeiten der Stadt gehören selbstverständlich die imposanten sakralen Bauwerke. So sollten Sie auf jeden Fall die Pfarrkirche St. Peter und Paul besuchen. Sie thront gewissermaßen hoch über der Neiße als Wahrzeichen von Görlitz und kündet von der einstigen Wehrhaftigkeit und dem Reichtum der Stadt. Zum Ensemble aus Pfarrkirche und Kreuzweg gehört auch das Heilige Grab, ein beeindruckendes Zeugnis spätmittelalterlicher Frömmigkeit und Landschaftsarchitektur von europäischem Rang. Die Heilig-Grab-Anlage besteht aus der Doppelkapelle zum Heiligen Kreuz, dem Salbhaus und der Grabkapelle. Die gesamte Anlage ist eine Nachbildung der wichtigsten Teile in der großen Grabeskirche in Jerusalem, ein Ort der Erinnerung an Leiden, Sterben und Auferstehung Jesu Christi.

Landskron Brauerei Görlitz
    An der Landskronbrauerei 116,
    02826 Görlitz, Führungen unter
    https://besuch.landskron.de, Be-
    such des Museums nach Verein-
    barung unter Tel. 03581 46 51 42
    oder t.ziegler@landskron.de
Schönhof mit dem Schlesischen
Museum zu Görlitz
    Brüderstraße 8, 02826 Görlitz,
    Di–So 10–17 Uhr, Sonderöff-
    nungszeiten im 1. Quartal, an
    Feiertagen und während des
    Christkindelmarktes

Jugendstil-Kaufhaus Görlitz
    An der Frauenkirche 5–7,
    02826 Görlitz
Foto-Museum
    Löbauer Straße 7, 02826 Görlitz,
    Di–So 12–18 Uhr
St. Peter und Paul
    Bei der Peterskirche 9, 02826
    Görlitz, Mo–Sa 10–18 Uhr, So
    11.45–18 Uhr (Winter bis 16 Uhr)
Görlitz-Information
    Obermarkt 32, 02826 Görlitz,
    Mo–Fr 9–18 Uhr, Mai–Okt.:
    Sa 9–17 Uhr, So 9–16 Uhr,
    Nov.–Apr.: Sa/So 9.30–14.30 Uhr

Graupa

Heute sind wir unterwegs in Richtung Dresden. »Bellmann unterwegs«, geht es mir durch den Kopf. Und während sich die Kollegen vom Drehteam darüber verständigen, wie wir am schnellsten an unser Tagesziel Graupa kommen, gehen meine Gedanken spazieren, zurück ins Jahr 1965.

Damals war Bellmann auch »Unterwegs«. An allen Litfaßsäulen von Dresden stand der Titel des Stücks in großen Buchstaben zu lesen, auf einem noch viel größeren Plakat mit meinem Konterfei! Damals als junger Schauspieler fühlte ich mich am Ziel meiner Träume: Ich spielte die Hauptrolle in einer viel diskutierten und mit Spannung erwarteten Inszenierung. Am Theater der Jungen Generation sollte das Schauspiel »Unterwegs« von Viktor Rosow aufgeführt werden. Der russische Dramatiker wurde berühmt durch den Film »Die Kraniche ziehen«, der nach seinem gleichnamigen Roman entstanden war. In »Unterwegs« ging es um Wolodja, einen jungen Mann, der sich aufmacht, den richtigen Weg im Leben zu finden. Und diesen Wolodja spielte ich, meine erste Hauptrolle.

Unsere Autorin muss wohl mein nachdenkliches Schmunzeln bemerkt haben und meint, ich freue mich sicher auf Graupa und auf Wagner. Ich nicke und nehme mein Manuskript für den heutigen Drehtag aus der Tasche. Bellmann nun also unterwegs in

Mitteldeutschland und diesmal zu den Wagner-Gedenkstätten in Graupa bei Pirna, denke ich und beginne zu lesen, während wir den Stadtrand von Dresden erreichen. Eine halbe Stunde habe ich noch Zeit, um mich auf Wagner einzustellen.

Von der sächsischen Hauptstadt aus fahren wir in südöstlicher Richtung und kommen schließlich nach Pillnitz. Über die Lohmener Straße hätten wir mit dem Auto für die drei Kilometer bis Graupa reichlich fünf Minuten gebraucht. Aber wir wollen uns unserem Ziel auf Wagners Spuren nähern. Das heißt, wir werden wandern, genau wie Richard, als er 1846 in Graupa die Sommerfrische genoss.

Und so geht es auf Schusters Rappen über den Leitenweg, entlang des Borsberghanges durch den Graupaer Tännicht. »Der Ort ist zu Fuß, per Fahrrad oder Bus bequem zu erreichen«, heißt es in einer kleinen Broschüre für Urlauber. Das bringt uns auf die Idee, für ein Stück des Weges die »Gangart« zu wechseln und umzusatteln auf's Rad! Der Sachse Wagner hätte mit diesem »neimodschen Kram« vielleicht seine Probleme gehabt. Das Fahrrad, wie wir es heute kennen, steckte zu Lebzeiten des großen Meisters noch in den Kinderschuhen. Es sei denn, er hätte das damals schon erprobte Hochrad genommen. Aber damit durch den Graupaer Tännicht oder über den Borsberghang? Dann hätte der Komponist auch kein Auge gehabt für die Kiefermisteln, die hier einen großen Teil des Waldes ausmachen. Und aus einer Pause unter den Bäumen mit zarten Küssen für Minna, Wagners erster Ehefrau, wäre dann auch nichts geworden … Aber jetzt geht wohl doch meine Fantasie mit mir durch, denn von diesem amerikanisch-englischen Weihnachtsbrauch wusste Wagner bestimmt nichts. Und die Kiefermisteln hat der gebürtige Leipziger wahrscheinlich, wie viele Sachsen, schlicht als »Donnerbesen« oder »Hexenkraut« abgetan und ist einfach weitergewandert, mit Minna am Arm.

Konzentrieren wir uns also jetzt aufs Radeln gen Graupa und passieren dabei ein kurzes Stück des Fernradweges Zittau – Bayreuth, der hier entlangführt. (Da ist er wieder, der Richard …)

Ich muss einzelne Abschnitte der Strecke gleich mehrmals fahren, denn dem Kameramann gefällt es, mich aus verschiedenen Positionen durch die wunderbare Landschaft radelnd zu filmen: Bellmann unterwegs auf dem Drahtesel von vorn, von hinten, von der Seite. Schließlich erreichen wir Graupa und sind hungrig. Viel muss es nicht sein, vielleicht eine Bratwurst oder eine Suppe?

Die Einnahme der kleinen Mittagsmahlzeit stellt sich als schwierig heraus. Die einzige Gaststätte hat Urlaub, und von einer Bratwurstbude keine Spur. Die »Rettung« naht in einem Minimarkt mit Bistroabteil. Dachten wir! Das Bistro öffne erst 17 Uhr, erklärt uns eine freundliche Kassiererin. Aber weil um diese Zeit wenig Kundschaft im Markt ist, bietet sie an, schnell im Bistro eine Suppe für uns heiß zu machen. »Gulaschsuppe, bitte«, meinen wir einstimmig. Die gute Laune im Team ist sofort zurückgekehrt und wenig später steht die Instant-Suppe vor uns auf dem Tisch! Wir essen, bezahlen und bedanken uns. Auf die Frage, ob's denn geschmeckt habe, meint unser junger, stets hungriger Kollege Kameramann: »Ja, bloß bisschen wenig Fleisch war drin.« Darauf schlagfertig die hilfsbereite Kassiererin: »Na, war eben 'ne vegetarische Gulaschsuppe!« Noch Jahre später wird bei ähnlich brenzligen Versorgungssituationen während des Drehs der Wunsch aufkommen: »Eine vegetarische Gulaschsuppe, das wäre jetzt schön …«

Gut gestärkt und (wirklich!) bestens gelaunt, sind wir entschlossen, Graupa zu erobern! Seit 1999 ist der Ort ein Stadtteil von Pirna im Landkreis Sächsische Schweiz-Osterzgebirge. Er besteht aus den Teilen Groß-, Klein- und Neugraupa sowie Vorderjessen. Zur Ortschaft Graupa gehört außerdem Bonnewitz. Und natürlich Richard Wagner!

Aber nicht nur der! Wir ignorieren erst einmal die Wegweiser zu den Gedenkstätten, gehen den Empfehlungen des Heimatvereins nach und kommen zum »Ottihof« am Dorfplatz 1 in Kleingraupa.

Das alte Gutshaus, das im Jahr 1901 in nur sechs Wochen erbaut wurde, steht noch. Schön sieht es aus. Die weiß geputzte Fassade wird durch graue Holzbalken in unterschiedlich große Felder aufgeteilt. Ein Fachwerkhaus, das saniert wurde und heute unter Denkmalschutz steht. Vor dem Eingang ein riesiger Baum, der das Haus vor der heißen Nachmittagssonne schützt.

Daneben ein gelb gestrichenes, neues Haus. Beide Gebäude sind durch einen großen Garten verbunden, so, dass noch immer der Charakter eines Bauernhofes zu erkennen ist. Als der alte Ottihof erbaut wurde, nannten ihn die Graupaer »Mustergut«. Ein Dresdner Architekt hatte ihn entworfen und dafür auf der Deutschen

Bauausstellung den ersten Preis gewonnen. Seinen Namen verdankt der »Ottihof« einer späteren Besitzerin mit dem schönen Vornamen Ottilde. Sie soll eine bekannte Kunstreiterin gewesen sein.

Als wir uns wieder auf den Weg machen wollen, treffen wir eine Gruppe junger Leute, die von einem Spaziergang zurückkommt. »Seid Ihr vom Fernsehen?«, fragt ein hochgewachsener schlanker Kerl, so Mitte Zwanzig. Und er erzählt uns gleich, dass er zur Wohngemeinschaft gehört, die hier zu Hause ist und durch den Verein »Dorfgemeinschaft Dittersbach« betreut wird. Der Bursche strahlt, weil er mal durch die Kamera schauen darf und weil wir über »seinen« Ottihof berichten wollen. Schön, denke ich, dass es diese Vereine gibt, die da sind für Hilfebedürftige.

»Weißer Holunder blüht wieder im Garten …« Immer wieder summe ich leise den Anfang des Lolita-Schlagers, den wir in den Fünfzigern 'rauf und 'runter gesungen haben. Währenddessen werden in einiger Entfernung schon Stativ und Kamera vor dem Holderhof in der Richard-Wagner-Straße 2 aufgebaut. Das Bauernhaus ist eines der ältesten Gebäude von Graupa. 1791 wurde es, zusammen mit einer großen Scheune, erbaut. Später wohnte hier der Pfarrer, dann die Tiermalerin Lu Schmidt-Uebigau. Ob die vielen Flieder- und Holunderbüsche, die auf dem Grundstück wachsen, aus deren Zeit stammen, weiß ich nicht. Aber sicher ist, dass sie dem Hof seinen Namen gaben: Holderhof!

Und jetzt verlassen wir die Richard-Wagner-Straße, um endlich beim großen Musikus anzukommen, dessen Aufenthalte hier noch immer Jahr für Jahr zigtausende Besucher ins kleine Graupa locken. Das wir dabei kurz von Wagner zu Tschaikowski wechseln, ist schnell erklärt: Der Platz, auf dem das alte Fachwerkhaus mit dem grünem Anstrich steht, wurde nach dem russischen Komponisten benannt. Hier wollen wir unsere Wagner-Spur wieder aufnehmen. Hier, wo Minna und Richard samt Hund Peps an einem schönen Frühsommertag des Jahres 1846 angekommen sind: Vor dem Gut von Bauer Johann Gottlob Schäfer hatte die Kutsche gehalten. Dem Vernehmen nach wurde der junge Dresdener Kapellmeister und seine Begleitung schon von einer Kinderschar erwartet und nun neugierig beäugt. Der Hausherr hatte seine beiden besten Stuben im ersten Stock des schönen Fachwerkhauses herrichten lassen, in denen das Paar logieren sollte. Für Wagner begann eine erholsame und zugleich ungeheuer produktive Zeit. Ausgedehnte Wanderungen in die Umgebung, nach Pirna und in die Sächsische Schweiz regten seine Schaffensfreude an. Schließlich entstand hier die komplette Kompositionsskizze für die Oper »Lohengrin«. Wen wundert es da, dass das Haus seit 1907 »Lohengrinhaus« heißt! In jenem Jahr wurde hier eine Gedenkstätte eingerichtet. Reichlich hundert Jahre später kam das ehemalige Schäfersche Gut zu neuen Ehren: Ganz und gar saniert und eben ganz in grün, gehört es seitdem zu den Wagner-Gedenkstätten von Graupa. Originale Erinnerungsstücke aus Wagners Pariser Zeit, Wagner- und Liszt-Porträts, Festspielsouvenirs aus Bayreuth und vor allem Fotos zeitgenössischer Wagner-Sänger sind zu sehen. Die Stube und die Schlafkammer wurden im Stil sächsischer Bauernstuben des 19. Jahrhunderts rekonstruiert.

Um dem großen Meister und seinem Werk aber in vollem Umfang gerecht zu werden, bedarf es schon eines Schlosses, sagten sich die Kulturverantwortlichen der Neuzeit. Und da war das ehemalige »Schatullen-Gut« von Friedrich August II. genau das Richtige! Der lustige Name deshalb, weil der Umbau des ehemaligen Rittergutes 1755 aus dem kurfürstlichen Privatvermögen finanziert worden war. Der korrekte Name des entstandenen repräsentativen Herrensitzes lautet Jagdschloss Raupenberg.

Nun also regiert hinter der gelben Fassade des zweistöckigen Gebäudes mit dem Türmchen in der Mitte des roten Schindeldachs das Phänomen Richard Wagner. Aber auf einem Sockel soll er nicht stehen! Kurator Michael Hurshell hat »museumsübergreifend ein interaktives Zusammenspiel von Themenräumen, Veranstaltungssaal, thematischen Sonderausstellungen, museumspädagogischen Programmen, Lese- und Hörräumen angestrebt.« Mit anderen Worten: Wagner wird aus verschiedenen Perspektiven erlebbar!

Das geschieht in sechs Räumen, die sich schon äußerlich durch eine intensive farbliche Gestaltung unterscheiden. Der Rundgang beginnt beim Knaben, der in Leipzig und in Dresden ausgebildet wurde. In einem anderen Raum geht es ausschließlich um sein Verhältnis zu Komponisten-Kollegen wie Berlioz oder Liszt und um gegenseitige Einflüsse auf ihr Schaffen. Mir hat am besten der visuelle Orchestergraben gefallen. Da steht man selbst mittendrin und schaut auf die Theaterbühne bzw. in den Zuschauerraum. Man wählt eine Partitur aus und erlebt, was dann im Graben passiert, sprich, was die Musiker machen. Genial! Übrigens ist hier auch zu erfahren, dass der Komponist vor allem in seiner Dresdner Zeit wichtige Erfahrungen als Dirigent sammelte, auf die er später bei der Konzeption des Bayreuther Festspielhauses zurückgreifen konnte.

Mit viel Wagner in den Ohren, verlassen wir die Ausstellung im Schloss. Die Botschaft kommt an: »Keine Angst vor Wagner! Oper ist ein Erlebnis!«

Unmittelbar hinter dem Schloss, im Park, gibt es *das* Wagner-Fotomotiv: See mit Schwan! Es stimmt schon, was in der Broschüre des Heimatvereins von Graupa geschrieben steht: »Hier, wo sich Natur und Kultur begegnen, gibt es Einiges zu entdecken und näher kennenzulernen.«

Ein bisschen Zeit bleibt noch für den Richard-Wagner-Kulturpfad! Und weil wir einmal im Schlosspark sind, bestaunen wir den geschützten Hainsimsen-Eichen-Buchenwald und spazieren zusammen mit anderen Besuchern über den 650 Meter langen Kulturpfad durch den Ort. Auf 17 Tafeln gibt es interessante Informationen zu Wagners wichtigsten Lebensstationen vom Geburtsort Leipzig über Aufenthaltsorte in ganz Europa bis zum Tod in Venedig.

Ich lasse mich ein Stück zurückfallen und schaue nochmal im Lohengrinhaus vorbei. Ist noch gar nicht so lange her, dass ich hier eine Lesung hatte: Bellmann war wieder unterwegs mit einem Russen! Nicht mit Viktor Rosow, da war es Anton Tschechow.

Mein Tipp:
Neben den Wagner-Gedenkstätten in Graupa gibt es in der näheren Umgebung eine weitere Sehenswürdigkeit, die an den Musiker erinnert, das zwölfeinhalb Meter hohe Wagner-Denkmal von Richard Guhr im Liebethaler Grund. Es zeigt den Komponisten als Gralsritter, umgeben von fünf allegorischen Figuren und gilt als weltweit größtes Wagner-Monument.

Lohengrinhaus
  Richard-Wagner-Straße 6,
  01796 Pirna OT Graupa sowie
Jagdschloss
  Tschaikowskiplatz 7, 01796 Pirna
  OT Graupa, Karfreitag-Okt.:
  Di–Fr 11–17 Uhr, Sa/So 10–18
  Uhr, Nov.–Gründonnerstag:
  Di–Fr 11–17 Uhr, Sa/So 10–17 Uhr

TouristService Pirna
  Am Markt 7, 01796 Pirna, Oster-
  samstag–Okt.: Mo–Fr 10–18 Uhr,
  Sa/So 10–14 Uhr, Nov.–Karfrei-
  tag: Mo–Fr 10–16 Uhr,
  Sa/So 10–13 Uhr

Großolbersdorf

Was wir uns heute vorgenommen haben, trägt den Stempel: »Einmalig«! Wir fahren ins Nummernschilder-Museum nach Großolbersdorf.

Unbewusst schaue ich auf der Fahrt durch den kleinen Ort öfter auf die Kennzeichen der Autos: ERZ, ANA, MEK und ZP lese ich immer wieder: Wir sind im Erzgebirgskreis. Und weil es in Großolbersdorf viel Sehenswertes gibt und die Männer vom Verein »Nummernschilder« erst am Nachmittag für uns Zeit haben, verschwinden wir zunächst einmal in den Untergrund!

Erster Halt ist in der Grünauer Straße am Eingang zum Bergbaudenkmal »Tiefer St. Gideon Erbstollen«. Hier können wir uns einer Besuchergruppe anschließen. Glück gehabt, denn ohne Voranmeldung kann man den Stollen nicht besichtigen. Es sei denn, man kommt am zweiten Sonntag im September, dem Tag des offenen Denkmals.

Nach einem freundlichen »Glück auf!« erzählt uns der Mann mit dem Bergbauhelm, dass der Tiefe St. Gideon Erbstollen um 1550 angelegt worden ist und der Wasserableitung aus den Lautaer Gruben diente. Später wurde ein überbautes Wasserhäuschen mit Pumpstation errichtet, das lange die Trinkwasserversorgung im Ort absicherte. Insgesamt ist der Stollen 1260 Meter lang. Vierzig davon sind für Besucher begehbar.

Der Tag hat uns wieder, und wir steuern die nächste, typisch erzgebirgische Sehenswürdigkeit von Großolbersdorf an, das Sättlerhaus. Ein Fachwerkhaus in der Schulstraße, in dem die Geschichte des Ortes und der Umgebung für kommende Generationen bewahrt wird. Wobei schon das Haus selbst ein Stück Ortsgeschichte ist: Mitte des 18. Jahrhunderts errichtet, wurde es 1839 umgebaut. Es hat nicht viel gefehlt, und die Abrissbirne wäre angerückt. Hätte es da nicht den Natur- und Heimatverein gegeben! Seine Mitglieder haben sich Anfang der 1990er Jahre mächtig ins Zeug gelegt, damit das Gebäude restauriert und schließlich ein Dorfmuseum eröffnet werden konnte. Inzwischen steht das Sättlerhaus unter Denkmalschutz. Drinnen lädt eine Strumpfwirkerstube aus der Zeit um 1850 dazu ein, sich umzusehen. Die große Innungslade trägt die Inschrift »1851«, eine Zeit, in der Strümpfe längst nicht mehr nur zu Hause mit Wolle und Nadeln gestrickt, sondern auf einem Strumpfwirkstuhl hergestellt wurden. Dokumente der Innung aus dem 18. und 19. Jahrhundert belegen, dass dieses Handwerk damals auf dem Vormarsch war und für viele Erzgebirgler Lohn und Brot bedeutete.

Was wäre ein hiesiges Heimatmuseum ohne Weihnachtsstübl! Natürlich gibt es auch im Sättlerhaus eines, wie es sich gehört, mit allerlei Dekoration für Adventskranz und Weihnachtsbaum, mit dem Weihnachtsberg und der »Pyramidd«, wie man hier sagt!

Gleich neben den früheren Stallungen haben wir eine Museumsrarität ausfindig gemacht: Ein Trockenklosett, ausgestattet mit vier nebeneinander liegenden Sitzplätzen – das ist auch im Erzgebirge eine Seltenheit!

Wir können das Haus nicht verlassen, ohne einer berühmt-berüchtigten Persönlichkeit aus der Region kurz Hallo zu sagen, dem Stülpner-Karl. In einer Ecke wird an den Wildschützen, Schmuggler und Lebenskünstler erinnert und an den Mann, der sich intensiv mit ihm beschäftigt hat, den Stülpner-Forscher Johannes Piezonka. Mehr über Stülpner heben wir uns für später auf.

Jetzt wartet das weltweit einzigartige »Museum für Nummernschilder, Verkehrs- und Zulassungsgeschichte«, kurz Nummernschildermuseum, auf uns.

Am 9. April des Jahres 2000 saß eine Handvoll Männer um Sven Rost zusammen. Sie hielten eine Versammlung ab und gründeten die »Automobile Interessengemeinschaft für Nummernschilder, Verkehrs- und Zulassungsgeschichte e. V.« Ihr Anliegen, eine stattliche Sammlung von KFZ-Kennzeichen und anderen interessanten Utensilien in einem Museum zu präsentieren. Ein Jahr später ging es los. Am 7. April 2001 wurde in einem alten Fabrikgebäude in der Grünauer Straße von Großolbersdorf das Museum eröffnet. Heute zählt der Verein 21 Mitglieder, die in den zurückliegenden Jahren ganze Arbeit geleistet haben. Im Verkehrsmuseum der besonderen Art spiegeln rund dreitausend Nummernschilder deren Geschichte und Entwicklung und die Welt des Zulassungswesens wider.

Um es gleich vorweg zu nehmen, für diesen Bummel über die Erdteile sollte man viel Zeit einplanen. Stunden, in denen nicht eine Minute langweilig wird! Wussten Sie zum Beispiel, dass die Nummern an den römischen Streitwagen vor über zweitausend Jahren als die ersten Vorläufer der heutigen Nummernschilder gelten? Die nächsten waren die Nummerntafeln mit Wappen, die die Kutschen im England des 17. Jahrhunderts schmückten.

Die ersten echten Nummernschilder oder auch Nummerntafeln der Neuzeit wurden Ende des 19. Jahrhunderts in einigen Orten und Provinzen des Deutschen Reichs an Fahrrädern gesichtet. Sie wurden lokal ausgegeben und setzten sich aus einem Buchstaben und einer fortlaufenden Zahl zusammen, wobei die

Farben der Schilder von Ort zu Ort unterschiedlich waren. Eine Registrierung mithilfe dieser Kennzeichen war notwendig geworden, weil die Zahl der Fahrradfahrer stetig wuchs. Und es steckte auch eine erzieherische Absicht dahinter: So konnte kontrolliert werden, ob vorschriftsmäßig gefahren wurde. Für Verkehrssünder gab es auch schon damals eine Strafe. »Knöllchen« und Punkte sind also keine Erfindung der Neuzeit!

Als dann später Autos durch die Straßen tuckerten, hatten die selbstverständlich auch ein Nummernschild. 1896 wurde das erste, die »1«, an ein Automobil in Baden ausgegeben.

Wir bleiben in heimatlichen Gefilden und blättern ein bisschen im Schilderwald, ob denn prominente Namen auftauchen. Und siehe da, die Autokennzeichen der ehemaligen Bundespräsidenten Theodor Heuss und Johannes Rau haben den Weg ins Museum von Großolbersdorf gefunden. Ebenso das von Ex-Bundestagspräsidentin Rita Süßmuth. Die Kennzeichenpflicht macht auch bei gekrönten Häuptern keine Ausnahme. Und so ist hier ein Nummernschild von Her Majesty Queen Elisabeth II. zu finden, in guter Nachbarschaft mit Vertretern anderer Königshäuser, Politikern und Persönlichkeiten aus Sport und Kultur. »Bleche«, wie die Männer vom Verein die Kennzeichen nennen, aus mehr als 170 Ländern und Territorien sind im Laufe der Jahre zusammengekommen.

Fast jedes Kraftfahrzeug auf der Welt hat vorn und hinten ein Schild. Diese sind von Land zu Land sehr unterschiedlich. Bei einigen Nationen kann man anhand der Kennzeichen heute noch nach Jahrzehnten erkennen, wer dort politisch einmal das Sagen hatte. Die Schilder und deren Geschichten lesen sich spannend und geben oft ganz individuelle Auskunft über die Besitzer. Meistens sind sie stolz auf ihre Heimatstadt oder freuen sich, wenn das Geburtsdatum auf dem »Blech« verewigt ist. Manche kombinieren sogar Worte mit den Buchstaben. Der Kreativität sind keine Grenzen gesetzt! Dementsprechend groß ist das Angebot im Nummernschildermuseum …

Wir verlassen den riesigen Schilderwald und nehmen auf der Schulbank Platz oder lieber gleich im Fahrtrainer der historischen Fahrschule. Möbel und typische Gegenstände verbreiten im Unterrichtsraum den Charme der dreißiger bis siebziger Jahre des vorigen Jahrhunderts. Von Plakaten an den Wänden über Automobilbauteile bis hin zu Verkehrsschildübersichten gibt es jede Menge zu entdecken während des »Unterrichts«. Auch alte Führerscheine, Fahrzeugpapiere oder Strafzettel, die längst abgegolten sind. Für einen Moment fühle ich mich daran erinnert, wie ich mit dem Wartburg meine ersten Fahrschülerversuche auf Leipzigs Straßen unternommen habe.

Bevor wir uns verabschieden, erzählt mir Sven Rost noch, dass es Beziehungen mit Sammlern aus allen Herrgotts Ländern gibt. Und mit denen organisieren die Männer vom Verein »Nummernschilder« jedes Jahr ein großes Treffen. Für sich und für viele willkommene Besucher!

Ob der Stülpner-Karl auch ein Auto hatte? Gewiss nicht. Wahrscheinlich hat der Wilddieb seine Beute auf die Schulter genommen oder wie auch immer aus dem Wald gebracht. Auf jeden Fall wird in Großolbersdorf an ihn erinnert, der durch seine Heimat zog und bereitwillig die abenteuerlichsten Geschichten aus seinem Leben preisgab, Geschichten, in denen sich Wahrheit, Wildhüter-Romantik und Wunschvorstellungen vermischten.

Im Schnitzerheim in der Warmbadstraße des kleinen Erzgebirgsortes steht der Stülpner-Berg. Auf dreizehn Quadratmetern haben in den 1930er Jahren Mitglieder des Schnitzvereins dem Karl ein kleines Denkmal gesetzt. Hundert Figuren sind entstanden, die in

27 Szenen das Leben des sagenumwobenen Rebellen und Lebenskünstlers darstellen. Auch die Tatsache, dass über ihn Gedichte und Theaterstücke geschrieben und aufgeführt wurden.

Um seinen Lebensunterhalt zu finanzieren, verkaufte Stülpner 1835 seine Lebensgeschichte an einen Verleger. Bald nach dem Erscheinen wurde das Buch verboten. Karl Stülpner zog vor Gericht und konnte sogar eine Entschädigung erstreiten. Trotzdem war er bald wieder mittellos. Von Altersschwäche geplagt, kehrte er in seinen Heimatort, ins benachbarte Scharfenstein, zurück. Dort verbrachte er seine letzten Lebensjahre. Fast erblindet, wurde er von der Armenkasse versorgt. Am 24. September 1841 starb Stülpner-Karl. Er wurde 79 Jahre alt.

Auf dem Friedhof von Großolbersdorf haben wir sein Grab gefunden. »Dem Sohn unserer Wälder« steht auf der Grabtafel, die am Fuße eines Natursteins angebracht ist. Und von dem lächelt er auf einer Lithografie seinen Besuchern entgegen. Witzig-durchtrieben schauen seine wachen Augen durch die runden Gläser der Brille, auf dem Kopf die grüne Schirmkappe. Ein gepflegtes Grab hinter hohen Hecken, auf das die Großolbersdorfer immer frische Blumen stellen für den »Robin Hood des Erzgebirges«.

»Drehschluss«, heißt es. Wir gehen zurück und steigen in den silberfarbenen Kleinbus. Das Kennzeichen auf dem »Blech«

beginnt mit einem großen »L«. Zwanzig Kilometer sind es bis Chemnitz. Und dann über die Autobahn 72 zurück nach Leipzig. In knapp anderthalb Stunden werden wir zu Hause sein.

Mein Tipp:
Wenn Sie in Großolbersdorf beim Stülpner-Karl auf dem Friedhof vorbeischauen, dann nehmen Sie sich noch etwas Zeit und besuchen Sie den Gedenkstein, der an ein finsteres Kapitel deutscher Geschichte erinnert. Er wurde für zwei Häftlinge aufgestellt, die aus dem Außenlager Flöha des KZ Flossenbürg kamen und auf einem Todesmarsch durch den Ort getrieben und erschossen wurden. Auf dem Friedhof fanden sie ihre letzte Ruhe.
Auf jeden Fall sollten Sie sich die Kirche von Großolbersdorf anschauen. Der Altarraum stammt aus dem 13. Jahrhundert. Der aufwendig gestaltete Altar, die schöne Kanzel und die Glocken sind aus der Zeit um 1647. Die ursprüngliche Kirche wurde im Dreißigjährigen Krieg zerstört, aber recht bald wieder aufgebaut. 1707 wurde das Kirchenschiff vergrößert und der Turm im Jahr 1834 neu errichtet. Ein Höhepunkt im Leben der Kirchgemeinde war die Weihe der neuen Orgel von Baumeister Georg Wünning im Mai 2002. Das Geld für das Instrument wurde in einer großen Spendenaktion gesammelt.

Bergbaudenkmal »Tiefer St. Gideon Erbstollen«
    Grünauer Straße, 09432 Großolbersdorf, Besichtigung nach Voranmeldung unter info@grossolbersdorf.de
Dorfmuseum »Sättlerhaus«
    Schulstraße 16, 09432 Großolbersdorf,
    Apr.–Okt.: Sa/So 14–17 Uhr
Museum für Nummernschilder
    Verkehrs- und Zulassungsgeschichte, Grünauer Straße 3, 09432 Großolbersdorf,
    Mo–Sa 9–16.30 Uhr

Schnitzerheim mit Stülpner-Berg,
    Warmbadstraße, 09432 Großolbersdorf, Apr.–Okt.: So 8–12 Uhr
Kirche
    Hauptstraße 1, 09432 Großolbersdorf, Tel. 037369 96 18
Zentrale Touristinformation
    Markt 1, 09496 Marienberg,
    Mo, Di, Do, Fr 9.30–12.30/
    13–16.30 Uhr, Mi 13–16.30 Uhr,
    Sa 9.30–12 Uhr
Touristinformation
    Am Rathaus 8, 09432 Großolbersdorf, Tel. 037369 1 41 12

Hohnstein

T ri, tra, trullala, da wird sich Gretel freuen, wenn ich ihr zum
Geburtstag einen Radioapparat schenke«, jubelt der Kasper
mit seiner langen Nase und dem großen Mund. Dabei hüpft die
blaue Zipfelmütze lustig hin und her. Unter dem rotkarierten
Hemd steckt eine kleine Hand, deren Zeigerfinger den Holzkopf
hält. Daumen und Mittelfinger haben sich in die kurzen Stoff-
händchen geschoben und fuchteln aufgeregt durch die Luft.

Vor ihren Mitschülern führt die Arbeitsgruppe Puppenspiel der
Hohnsteiner Grundschule das Stück »Der geheimnisvolle Radio-
apparat« auf. Und die jungen Zuschauer sind begeistert. Waren
sie eben noch mucksmäuschenstill, klatschen sie im nächsten
Moment laut Beifall oder feuern den Kasper an, sich vor dem
Räuber in Acht zu nehmen.

Ein Klassiker und eine spannende Geschichte, die schon Max
Jacob, der Begründer des Hohnsteiner Puppenspiels, mit seiner
Truppe gespielt hat. Ich ertappe mich dabei, dass ich als Zuschauer bei solchen Aufführungen wieder zum Kind werde. Immer wieder!

Deshalb bin ich auch mit besonderer Freude zum Drehen in die
Stadt in der Sächsischen Schweiz gefahren, dorthin, wo besagter
Max Jacob im Jahr 1928 seinen »Kasper« auf die Welt kommen
ließ. Genau genommen war es auf der Burg von Hohnstein, denn

dort hatten Jacob und Co. nach ihrem Weggang aus Hartenstein eine Bleibe gefunden. Von nun an nannten sie sich »Die Hohnsteiner« und machten den Ort bekannt als »Puppenspielerstadt«!

Doch bevor wir die Puppen tanzen lassen, möchte ich noch eine andere Erinnerung loswerden, die schon einige Jährchen zurückliegt. Ich gebe also eine Jugendschwärmerei von meinen ersten »Fernsehjahren« preis und habe in den Kollegen vom »Mittagskurier«-Team interessierte Zuhörer.

Manche der etwas älteren Zuschauer und Leser erinnern sich vielleicht an die Serie »Rote Bergsteiger«. Die wurde 1967 hier in Hohnstein und Umgebung gedreht. Sie war die erste »offizielle« Fernsehserie der DDR und wurde von Regisseur Willi Urbanek für den Deutschen Fernsehfunk produziert. Er hatte, zusammen mit Klaus Rümmler, auch das Drehbuch geschrieben.

Urbanek kannte mich von einer gemeinsamen Arbeit am Theater in Dresden und hatte mich nun für die »Bergsteiger« besetzt. Der Inhalt ist schnell erzählt: Es ging um den Einsatz einer Gruppe sächsischer Bergsteiger, die in den Jahren 1933 bis 1936 Widerstand gegen das NS-Regime leistete. Wobei die Geschichten der »Roten Bergsteiger« auf wahren Begebenheiten beruhten. Ich spielte die Rolle des Günter Weißbrot, eines jungen Kerls, der mit den Widerstandskämpfern zusammenarbeitete. Es war ganz schön aufregend für mich als Berufsanfänger, der ich Mitte Zwanzig war, mit gestandenen Kollegen wie Ezard Hausmann, Paul Berndt, Klaus Gehrke, Hanjo Hasse, Herbert Köfer oder Alfred Struwe vor der Kamera zu stehen.

Mit dreizehn Folgen wurde die Serie ein Quotenrenner für den Deutschen Fernsehfunk. Leider wurde ich nach vier Folgen erschossen! Aber vorher hatte ich noch eine »Bettszene«, vor der ich, und auch daran erinnere ich mich noch ganz genau, Blut und Wasser geschwitzt habe. Am Ende war es halb so schlimm, die Kollegin äußerst charmant und die Kameraleute auch sehr verständnisvoll mit dem Grünschnabel Bellmann.

Der Kommentar unseres Kameramannes nach dem Ende meines »Schwanks« aus alten Zeiten: »Da lebst Du ja bei unseren Drehs weniger gefährlich.« Wohl wahr!

Nun soll es aber um die Puppen gehen, die zum Hofstaat des Hohnsteiner Kaspers gehören. Die jungen Künstler aus der

Arbeitsgruppe »Puppenspiel« sitzen längst zu Hause über ihren Schulaufgaben, als wir an die Tür des schmucken Fachwerkhauses in der Rathausstraße 9 klopfen. Daneben steht groß geschrieben: »Touristinformation«. Eine zierliche junge Frau, die uns öffnet, meint: »Sie wollen bestimmt ins Max-Jacob-Museum?« Wir wollen – und folgen der freundlichen Einladung, uns die vielen Puppen anzusehen, die hier in einer schönen Ausstellung versammelt sind. Vor einigen Jahren wurde die »Traditionsstätte des Hohnsteiner Handpuppenspiels«, wie es offiziell heißt, eröffnet. Sie ist dem Meister aller Puppen, Max Jacob, gewidmet. In der kleinen Schau ist viel zu erfahren über sein Leben und darüber, wie er zum Puppenspiel kam.

Onkel Max, wie ihn seine Freunde und Fans nannten, wurde 1888 in Bad Ems geboren. Er war 23 Jahre alt, als er zum ersten Mal bei einem Puppenspiel zuschaute, und sofort fasziniert von dieser Kunstform. Als er kurz danach, am 10. August 1911, im erzgebirgischen Hartenstein seinen Geburtstag feierte, überraschte er die Gäste mit einer kleinen Vorstellung. Es gab viel Applaus, und einige der Anwesenden ließen sich anstecken von Max' Begeisterung. Sicher spielte dabei auch die Verbundenheit zu Natur, Volkskunst und Brauchtum eine Rolle. Denn so wie Max Jacob waren die meisten der jungen Leute Anhänger der Wandervogelbewegung. Und so wurden aus einigen Wandervögeln also »Die Hohnsteiner«, die mit Puppen spielten. Und das sehr erfolgreich!

Zur »Kasperfamilie«, wie sich die Künstlerschar selbst gern nannte, gehörten neben den Spielern auch deren Frauen, der Holzbildhauer und Puppenschnitzer Theo Eggink und die Kostümbildnerin Elisabeth Grünwaldt. Im Laufe der Zeit gelang es Jacob und seinen Mitstreitern, die Bedeutung des Kaspertheaters zu verändern. Es war nicht mehr nur Jahrmarktsvergnügen, sondern mauserte sich vielmehr zu einer anerkannten Theaterform mit pädagogischem Anliegen.

Die Burg Hohnstein war für die Puppenspieler ein Zuhause geworden und diente als ihre feste Spielstätte. Als die Nationalsozialisten 1933 aus der Burg ein Konzentrationslager machen wollten, mussten die Künstler ihr Domizil verlassen. 1937 gastierten die Hohnsteiner auf der Weltausstellung in Paris. Und zwei Jahre später erfreuten sie die Besucher einer Ausstellung im

Dresdner Großen Garten. Dort war für sie ein Puppenspielhaus aufgebaut worden, das baugeschichtlich in die klassische Moderne einzuordnen ist und einen Bezug zur Garten- und Landschaftsarchitektur des frühen 20. Jahrhunderts herstellte. Weil das Haus in Holzleichtbauweise errichtet worden war, konnte es anschließend nach Hohnstein »umziehen« und hier neu aufgebaut werden. So hatte die »Kasperfamilie« wieder eine feste Spielstätte. Was sie freilich nicht davon abhielt, in den kommenden Jahren auf Gastspielreisen um die Welt zu ziehen, Kurzfilme zu drehen und Aufnahmen für Rundfunk und Fernsehen zu machen. Kurzum: Hohnstein und seine Puppenspieler wurden berühmt!

1953 nahm Onkel Max seinen Abschied von der Puppenbühne. Als gern gesehener Gast auf Fachtagungen und bei Lehrgängen blieb er jedoch dem Puppentheater eng verbunden. In den letzten zehn Jahren seines Lebens war er Präsident der UNIMA, der internationalen Puppenspielervereinigung.

Auf dem kleinen Friedhof direkt neben dem Hohnsteiner Puppenspielhaus legen wir Blumen auf das Grab von Max Jacob. Hier wurde er 1967 beigesetzt. Und auch seine Frau Marie fand hier ihre letzte Ruhe. Genau wie Theo Eggink und Elisabeth Grünwaldt. Die Kasperfamilie ist also für immer zusammen, was ihnen allen sicher sehr gefällt.

Doch traurig sein war ihre Sache nicht! Deshalb lassen wir jetzt weiter in Hohnstein die Puppen tanzen. Frohen Mutes nehmen wir die Spurensuche wieder auf, die uns endlich ins Puppenspielhaus nebenan führt. Wir sollten sagen, ins Max-Jacob-Theater, denn so heißt es seit einigen Jahren.

Klein und fein steht es da, das weiß gestrichene Gebäude mit dem Holzschindeldach, auf dem in der Mitte ein Türmchen mit Wetterfahne sitzt. Die roten Holztüren sind verschlossen, denn heute wird nicht gespielt. Schade! Aber so schnell geben wir nicht auf, machen uns ganz klein und »illern« nach Handpuppenmanier durchs Schlüsselloch: Im Zuschauersaal sind Stuhlreihen aufgebaut, vorn wird die Bühne durch einen Vorhang verdeckt. Rechts und links stützen bunte Holzbalken den Raum. An der Decke hängen moderne Scheinwerfer, die den Kasper, Gretel, Seppel, den Zauberer, König und Königin, den Teufel, die Hexe,

den Räuber und natürlich das Krokodil ins rechte Licht setzen, wenn das Spiel beginnt.

Aber die Puppenfamilie um den Hohnsteiner Kasper freut sich auch über viele Gastspiele bekannter Gruppen aus dem In- und Ausland, die im Max-Jacob-Theater auftreten. Einmal im Jahr, immer am letzten Mai-Wochenende, wird es besonders turbulent. Dann findet überall in der Stadt und auf der Burg das Hohnsteiner Puppenfest statt, mit fünfzig Vorstellungen an zwei Tagen! Da kommen schnell einmal an die dreitausend Besucher zusammen. Gut, dass nicht nur die Stadt, sondern auch der Freistaat und der Landkreis Sächsische Schweiz dieses Fest fördern und finanziell unterstützen.

Überhaupt haben die Stadtväter ein großes Herz für ihren Kasper! So nahmen sie beispielsweise das Puppenspielhaus als Kulturdenkmal in die Denkmalliste von Hohnstein auf und vermerkten: »Ehemaliges Puppenspielhaus des Max Jacob im Heimatstil der 1930er Jahre, nach 1945 Kino, baugeschichtlich und ortsgeschichtlich von Bedeutung.« Das hätte wohl auch Onkel Max als besonderes Glück empfunden, drohte doch das Gebäude in den 1990er Jahren gänzlich zu verfallen. Doch der Traditionsverein schaffte es, viel Geld zu sammeln. Mit zusätzlichen Fördermitteln der EU konnte das Haus saniert und im Februar 2013 wieder eröffnet werden. Neben dem Puppenspiel stehen unter anderem Figurentheater, Konzerte und Vorträge im Veranstaltungsplan.

Als wir das Max-Jacob-Theater verlassen, dreht sich die Wetterfahne im Sonnenschein. Wir halten Ausschau nach dem Hohnsteiner Kasperpfad.

Das ist ein Rundweg durch die Stadt, der am Parkplatz »Eiche« beginnt. Über den Röhrenweg führt er vorbei am Kräutergarten, dann am Fuße der Burg entlang zur Touristinformation. Dort kann die Kasperausstellung angeschaut werden, bevor es zurück geht zum Parkplatz. Wer Angst hat, sich zu verlaufen, der muss nur nach dem roten Punkt schauen, einer kleinen Orientierungshilfe, die unterwegs an allen acht Stationen zu finden ist.

Wir sind gut durchgekommen und machen noch einen Abstecher in die Sachsenbergsiedlung von Hohnstein. Dort schnitzen in einer Manufaktur Wolfgang Berger und seine Mitarbeiter Handspielpuppenköpfe nach dem Vorbild der Originale von Theo Eggink. Auch heute werden die Köpfe der Hohnsteiner Puppen aus gut abgelagertem Lindenholz in Handarbeit hergestellt, bevor sie mit feinem Pinsel und ungiftigen Farben ihr unverwechselbares Aussehen bekommen. Dann noch die lange Zipfelmütze aufgesetzt, das karierte Hemd angezogen und ab ins Paket…

»Tri, tra, trullala…«, der Hohnsteiner Kasper und seine Familienmitglieder sind immer noch weltweit beliebt. Und ein bekannter Exportschlager aus Hohnstein!

Mein Tipp:
Hohnstein besuchen und die Burg links liegen lassen, das geht gar nicht! Sie befindet sich unmittelbar am Nationalpark Sächsische Schweiz, nicht weit entfernt von der Bastei, auf einem Felssporn über dem romantischen Polenztal. Die mittelalterliche Anlage wurde 1353 erstmals urkundlich erwähnt und erlebte im Laufe der Jahrhunderte wechselvolle Zeiten. Mehr über die Geschichte der Burg und über die der Stadt erfahren Sie im Burgmuseum von Hohnstein. Außerdem vermittelt dort eine Naturkundeausstellung Wissenswertes über das Leben von Fledermäusen und Lachsen. Und es lohnt sich, den Aussichtsturm der Burg zu erklettern, denn der bietet einen weiten Blick über die Sandsteinfelsen.
Sehenswert ist auch die Stadtkirche von Hohnstein. Sie wurde im 18. Jahrhundert errichtet und ist eine der schönsten Barockkirchen Sachsens. Nach einem Stadtbrand wurde sie von 1725 bis 1728 nach den Plänen von Ratszimmermeister George Bähr aus Dresden erbaut.

Max-Jacob-Theater
　　Max-Jacob-Straße 1, 01848 Hohnstein, Tickets und Informationen zum Spielplan unter www.max-jacob-theater.de
Burg mit Museum
　　Markt 1, 01848 Hohnstein, Apr.–Okt. 10–17 Uhr
Stadtkirche
　　Schulberg 3, 01848 Hohnstein, Tel. 035975 8 12 33

Tourist-Information mit Max-Jacob-Museum
　　Rathausstraße 9, 01848 Hohnstein, Apr.–Okt.: Mo–Fr 9–12/13–17 Uhr, Sa 9–12 Uhr, So 9–12/13–16 Uhr, Nov.–März: Mo–Do 9–12/13–15 Uhr, Fr 9–12 Uhr

Kahnsdorf und das Leipziger Neuseenland

Es muss nicht immer die Ostsee sein oder die Mecklenburger Seenplatte! Eine sächsische Wasserratte, die etwas auf sich hält, fährt ins Neuseenland! Denn wer Badevergnügen, Strandgeflüster und Kultur sucht, der wird gleich kurz hinter Leipzig fündig!

Das Wetter spielt mit an diesem Julitag, und so hat das Team vom MDR-»Mittagskurier« die Badehosen (und -anzüge!) eingepackt. Unser Reiseziel ist die Lagune Kahnsdorf am Hainer See, einem der jüngsten »Familienmitglieder« des Leipziger Neuseenlandes. Das nimmt eine Gesamtfläche von 430 Quadratkilometern ein und umfasst 17 Seen. Auch wenn die Ostsee knapp tausendmal so groß ist und die Seenplatte von »Meckpomm« im Größenvergleich auch die Nase vorn hat: Wir Sachsen sind stolz auf die Erholungs- und Badeseen, die im Norden und Süden der Messestadt entstanden sind. Und natürlich sind wir ein bisschen größenwahnsinnig, denn im Land der vielen Seen wollten wir ursprünglich die Jugend der Welt zu fairen Sportwettkämpfen begrüßen. Aber Olympia 2012 in Leipzig blieb ein schöner Traum.

Umgehauen hat uns das jedoch nicht! Deshalb starten wir jetzt wieder einen Höhenflug, um uns einen Überblick zu verschaffen, wo welcher See zu finden ist. Mit einer kleinen Chessna sind wir im nahe gelegenen Oppin bei Halle gestartet. Wir beginnen unsere Erkundung im Norden und überfliegen die Schladitzer Bucht. Der gleichnamige See liegt zwischen Leipzig und Delitzsch. Auch vom Flugzeug aus ist es gut zu erkennen: Tiefblaues Wasser und ein wunderbarer Sandstrand. Ein wenig beneide ich die Faulenzer da unten, die bei über 30 Grad das mediterrane Flair dieser Oase vor Leipzigs Haustür genießen können. Baden, Sonnen und Entspannen. Oder in der Wassersportschule die Kunst des Segelns oder Surfens erlernen. Und während wir uns in die Südkurve legen, winken uns noch ein paar Aktive von den Beachvolleyballfeldern zu. Wir machen uns aus dem Staub und stören die Idylle nicht länger mit Flugzeugmotorenlärm.

Nach wenigen Minuten ist der Leipziger Süden erreicht, und da zeigt sich das Neuseenland in seiner ganzen Pracht und Schönheit! Von hier oben haben wir das Glück, alle Seen auf einmal in den Sucher zu bekommen. Für den Kameramann eine kleine Sternstunde! Der junge Kollege stammt aus dem Harz, und ich als alter Wahl-Leipziger bin stolz, ihm eine kleine Orientierungshilfe geben zu können. Wobei wir uns auf die größten Seen konzentrieren wollen.

Da wäre der »Kulki«, wie er gern genannt wird. Der Kulkwitzer See wurde schon in den 1970er Jahren aus einem Braunkohletagebau geflutet und war damals einer der ersten Tagebauseen des Leipziger Neuseenlandes. Hier haben wir also schon geplanscht, als die Trabbis noch das Straßenbild beherrschten und vor dem Sprung ins ersehnte Nass auf wilden Parkplätzen in Seenähe abgestellt wurden. Heute wird ihm eine hervorragende Wasserqualität bescheinigt. Und mit seinem üppigen Grün kann der »Kulki« gegenüber so manchem »Neuen« im Leipziger Neuseenland punkten. Übrigens könnten die Trabbis jetzt auch getrost zu Hause bleiben, denn inzwischen gibt es hier die beste Anbindung an das Stadtzentrum mit Bus und Straßenbahn!

Etwas südlicher liegt der »Cossi«! Sie merken schon, die Vorliebe der Sachsen, alles zu verniedlichen, macht auch vor den Seen nicht Halt! Die Rede ist vom Cospudener See. Andere nennen ihn schlicht »Badewanne«, aber auch »Costa Cospuda«. Viel vornehmer, nicht wahr? Das passt dann auch zum Hafen mit den tollen Segelyachten, die hier im Wasser schaukeln. Und gleich daneben das Wassersportzentrum mit Angeboten zum Surfen, Tauchen und einem Bootsverleih. Der Renner aber ist die Sauna im See. Und wer Lust hat, kann durch die kleinen Geschäfte bummeln oder einkehren in einem der vielen Restaurants. Die typischen Holzhäuser erinnern ein bisschen an Schweden.

Wir fliegen weiter nach Süden und machen auf dem Zwenkauer See die »Santa Barbara« ausfindig. Eine Dame, die schon etwas in die Jahre gekommen ist, aber durchaus noch flott! 1957 war sie vom Stapel gelaufen, schipperte im Laufe ihres Lebens über so manches Binnengewässer und machte am 12. Juli 2008 ihre erste Runde auf dem Zwenkauer See. Seitdem heißt sie auch »Santa Barbara«. 150 Passagiere finden Platz auf drei Decks. Inzwischen ist die flotte »Barbara« nicht nur ein beliebter Ausflugsdampfer, der auf dem knapp zehn Quadratkilometer großen Zwenkauer See kreuzt. Sie ist auch eine gefragte »location« (um im Sprachgebrauch der Eventmanager zu bleiben) für Heiratswillige und überhaupt für alle, die gern feiern.

Es wird Zeit, zurück zu fliegen. Aber nicht ohne einen Blick auf »Vineta« geworfen zu haben. Eine künstlich errichtete schwimmende Insel im Störmthaler See, die an die Kirche des überbaggerten Ortes Magdeborn erinnern soll. Auch hier kann geheiratet

werden, Und es ist ein ganz zauberhafter Ort für Lesungen, wie ich selber schon erfahren durfte.

Mit einem kurzen Abstecher über den Markkleeberger See verabschieden wir uns für heute vom Leipziger Neuseenland. Am Auenhainer Ufer ist der Kanupark mit seinen beiden Wildwasserstrecken gut zu erkennen. Er ist inzwischen eine Topadresse auch für internationale Wettkämpfe der Kanuten. 2013 wurde die Kanuparkschleuse fertiggestellt. Durch diese 800 Meter lange Kanalpassage ist der Markkleeberger See mit dem benachbarten Störmthaler See verbunden.

Solche und ähnliche Kanäle sollen in den nächsten Jahren die verschiedenen Seen miteinander verbinden. Wer hätte vermutet, dass diese Region im Landkreis Leipzig, die seit etwa 10 000 Jahren besiedelt ist, einmal »Neuseenland« wird? Obwohl: Der Landstrich war schon in früheren Zeiten ein beliebter Wohn- und Erholungsstandort für die wohlhabende Oberschicht der Stadt Leipzig! Prächtige Herrenhäuser, Kirchen und Schlösser künden noch heute vom einstigen Wohlstand der Städte und Dörfer.

Aber das ist eine andere Geschichte. Und mit der wollen wir uns morgen beschäftigen, wenn wir mit dem Auto noch einmal ins Neuseenland fahren werden. Buchstäblich wie im Fluge ist die Zeit vergangen, und wir haben jetzt unseren Überblick. Die

Chessna ist wieder sicher auf dem Flugplatz von Oppin im benachbarten Sachsen-Anhalt gelandet.

Tag zwei der »Seenreise« südlich der Kultur- und Messestadt beginnt auf der B 2. Über Markkleeberg, Rötha und Neukieritzsch kommen wir nach einer halben Stunde nach Kahnsdorf am Hainer See. Er zählt zu den jüngeren Sprösslingen der Neuseenland-Familie. Parallel zum Ufer führt uns die Seestraße in den kleinen Ort, der zur Gemeinde Neukieritzsch im Süden der Leipziger Tieflandsbucht gehört. Auch heute wieder Sonne satt, weit über 30 Grad! Ich kann die sehnsuchtsvollen Blicke der Ton-Assistentin und des Kameramanns hinüber zum Strand verstehen. Schon gestern wurde es nichts mit dem Sprung ins Wasser, und auch jetzt bleiben die Badesachen im Rucksack. Vielleicht später …

Um elf sind wir verabredet mit dem Pfarrer der Laurentiuskirche, die so ziemlich in der Ortsmitte steht. Kein Mensch auf der Straße. Die neugierige schwarze Katze verliert auch schnell das Interesse an uns und findet unter dem wunderschönen großen Baum im Kirchhof ein schattiges Plätzchen. Dann kommt eine freundliche ältere Dame mit »Schlüsselgewalt«! Der Pfarrer ist verhindert und hat sie gebeten, uns das Kirchlein zu öffnen. Wie sich herausstellt, kennt sie sich auch mit der Geschichte des Ortes aus und erzählt, dass die Siedlung vermutlich im 12. bzw. 13. Jahrhundert gegründet wurde. Angenehm kühl ist es im Got-

teshaus, wo mein Blick auf die Kanzel und auf den Altar fällt. Beides aus dem Jahr 1693, als die Kirche umgestaltet wurde. Eine weitere große Renovierung gab es Ende des 19. Jahrhunderts und dann noch einmal zwischen 1968 und 1970. Im Kirchenvorraum wurde damals das Altarkruzifix aufgestellt, das aus einer weggebaggerten Kirche im Nachbarort gerettet worden war. Nun hat es hier in einen guten Platz. Als wir die Kirche verlassen, macht mich unsere Begleitung auf einen mit Eisen beschlagenen Opferstock aufmerksam, der auf einem Steinsockel an der Kirchentür steht. »Anfang 18. Jahrhundert«, meint die Frau, die sich hier so gut auskennt. Wir bedanken uns und fragen nach dem Weg zum Rittergut von Kahnsdorf.

Wir laufen die Dorfstraße hinunter in Richtung See. Vorbei an Einfamilienhäusern mit Vorgärten, die im Wettbewerb um die schönsten Blumenbeete allesamt beste Chancen hätten auf den ersten Platz! Ziemlich am Ende der Straße sind Stimmen zu vernehmen, die sich mit Lachen und dem Klappern von Tassen vermischen – das klingt nach Kaffeeklatsch! Und richtig, am Rondell der großen Grünanlage, die das ehemalige Rittergut umschließt, stehen Holztische mit karierten Decken und Klappstühle mit dicken Kissen, die uns magisch anziehen und gewissermaßen auffordern: Macht einmal Pause! Eine gute Idee, die Kamera braucht neue Akkus und wir eine große Limonade, eisgekühlt.

Ich merke, dass mich nicht gleich das eigentliche Herrenhaus fasziniert, sondern eher ein Seitengebäude. Meiner Autorin muss es wohl ähnlich gegangen sein und wie auf Kommando stellen wir gleichzeitig fest: »Sieht aus wie Goethes Gartenhaus!« Aber da wir weit weg sind vom Weimarer Ilmpark und dem thüringischen Bad Sulza, wo das baugleiche Double steht, könnte es bestenfalls eine Fata Morgana sein ... bei 35 Grad im Schatten ...

Goethe nein, Schiller ja! Kahnsdorf im Leipziger Neuseenland hat ein Schillerhaus! Gut zu erkennen an der Gedenktafel am Gebäude, das 1686 erbaut worden war. Beim näheren Hinsehen stellt sich heraus, dass es doch erheblich größer ist als das Gartenhaus des anderen »Klassikers«!

Und warum nun »Schillerhaus«? Weil hier am 1. Juli des Jahres 1785 der Dichter zu Gast war. Rittergutsbesitzer Johann Christian Ernesti hatte ihn und Christian Gottfried Körner, den Vater Theodor Körners, nach Kahnsdorf eingeladen. Beide Männer verband fortan eine innige Freundschaft, die Schiller später zu seinem Gedicht »An die Freude« inspiriert haben soll. Kahnsdorf jedenfalls bescherte das Treffen einen kleinen »Auftritt« auf der Bühne der Weltliteratur, wie man heute noch lesen kann.

Übrigens weilte auch Theodor Körner Jahre später auf dem Kahnsdorfer Gut. Wenn auch unter weniger erfreulichen Umständen: Als Adjutant im Lützow'schen Freikorps war er 1813 bei einem Gefecht mit den Franzosen schwer verletzt worden und wurde hierher gebracht. Unter strenger Geheimhaltung blieb Körner sechs Wochen und erholte sich, bevor er nach Böhmen weiterreiste.

Gutsbesitzer Ernesti war Gelehrter an der Leipziger Universität und liebte es, die Schöngeister jener Zeit in seinem Hause zu Gast zu haben. Das setzte sich auch später fort, beispielsweise mit Besuchen von Felix Mendelssohn Bartholdy. Der Musiker besuchte die Familie Ernesti mehrmals in Kahnsdorf und fand hier Ruhe und Entspannung.

Mit diesem Blick ins historische Gästebuch von Kahnsdorf sind wir im Herrenhaus gelandet und wieder in der Gegenwart angekommen. Aufs Feinste saniert und rekonstruiert, ist man hier nun auch auf Gäste eingestellt. Moderne Ferienwohnungen sind entstanden.

Die finden wir aber auch in den weißen Häusern direkt am Strand des Hainer Sees, also in der Lagune Kahnsdorf. Christian Conrad, Geschäftsführer von der Blauwasser Seemanagement GmbH, erwartet uns. Auf dem Badesteg, der vom Haus direkt ins Wasser führt, hat er Liegestühle bereitgestellt, dazu einen großen Krug Orangensaft. Und er lädt ein zum Bade... Endlich, wird sich unser Kameramann gedacht haben, der eine halbe Stunde später erfrischt und restlos begeistert aus dem Wasser mit der EU-Qualitätsnote »gut« an Land zurückkehrt.

Jetzt gehen die Dreharbeiten natürlich gleich viel leichter von der Hand bzw. dem Stativ: Wir sehen Touristen, die mit dem Quad den See umrunden. Andere haben sich für eine Segway-Tour entschieden. Das ganz normale Fahrrad tut es freilich auch. Wer die nötige Puste und gestählte Waden hat, kann von hier aus auch zu einem Tagesausflug zu den anderen Seen aufbrechen.

Ich genieße am späten Nachmittag ein Eis im Café an der Uferpromenade und mache einen kleinen Spaziergang unter hohen Bäumen. Am Ende des Drehtages heißt es auch für mich ab ins Wasser: Hosenbeine hochkrempeln und vorbei an den jüngsten Badegästen, die hier an Mamas Hand im flachen Wasser strampeln. So stehe ich also bis zum Knie im Hainer See und verrate den MDR-Zuschauern, dass wir dieses Mal in Kahnsdorf waren. Und wenn mich einer fragen würde, wo war das doch gleich,

würde ich antworten: Zwischen Borna und Leipzig, wo seit Beginn des 20. Jahrhunderts große Braunkohlenbergbauflächen die Landschaft prägten. Bis vor einigen Jahren durch Rekultivierung und Renaturierung ein wunderbarer Traum wahr wurde: Aus Tagebaurestlöchern entstand das Leipziger Neuseenland. Es muss wirklich nicht immer Ostsee oder »Meckpomm« sein!

Mein Tipp:
Informieren Sie sich im Tourismusverein Leipziger Neuseenland in Markkleeberg über die aktuellen Urlaubs- und Freizeitmöglichkeiten und entscheiden Sie dann, ob Sie sich erholen wollen, ob es ein Aktivurlaub oder ein kombiniertes Bade- und Kulturerlebnis werden soll! Alles geht!

Wenn Sie auf eigene Faust die neuen Seen erkunden und dabei kräftig in die Pedale treten wollen, dann sollten Sie die hundert Kilometer lange Neuseenland-Rad-Route in Angriff nehmen. Sie ist gut ausgeschildert und bietet verschiedene Start- und Zielpunkte an, zum Beispiel Dreiskau-Muckern oder Pegau. Der Rundweg führt überwiegend durch eine flache Landschaft und ist sowohl für gemütliche Radtouren als auch zum sportlich ambitionierten Fahren geeignet.

Im ehemaligen Herrenhaus von Kahnsdorf findet jedes Jahr im Sommer das Schillerfest mit Lesungen, Kino, Konzerten und Theater statt. Und der Seebetreiber »Blauwasser« lädt jeden Sommer zum Lagunenfest ein. Direkt am Hainer See gibt es eine Bootsparade, Vorführungen, Shows und Live-Musik.

Schillerhaus Kahnsdorf
Theodor-Sältze-Straße 10, 04575 Neukieritzsch OT Kahnsdorf, täglich 12–18 Uhr
St.-Laurentius-Kirche
Zöpener Straße 18, 04575 Neukieritzsch OT Kahnsdorf, Besichtigung nach Voranmeldung unter Tel. 03433 91 21 98

Tourist-Information Leipziger Neuseenland
Rathausstraße 22, 04416 Markkleeberg, Apr.–Sep.: Mo–Fr 9–18 Uhr, Sa 9–12 Uhr, Okt.–März: Mo–Fr 9–17 Uhr, Sa 9–12 Uhr

Kottmarsdorf

Dieter, es wird Zeit, dass Du wieder einmal zum Friseur gehst!« Auf ein erstauntes Achselzucken lacht meine Autorin: »Wir besuchen ein Friseurmuseum, und dazu fahren wir in die Oberlausitz. Ein kleines Schmuckstück in einem ganz kleinen Nest!«

Das Wort »Nest« ist überhaupt nicht abfällig gemeint, und es bringt es in diesem Fall auf den Punkt: Kottmarsdorf zählt zu den kleinsten Orten in Sachsen mit rund 500 Einwohnern, die sich hier ihr »Nest« gebaut haben. Vor fünfzig Jahren waren es noch doppelt so viele.

Wir rollen auf »Khotdemersdorpp« zu, wie das ehemalige Waldhufendorf bei seiner ersten urkundlichen Erwähnung am 1. Mai des Jahres 1306 genannt wurde. Es liegt im Südosten des Freistaates und gehört heute zum Landkreis Görlitz. Um es ganz genau zu sagen: Das Dorf ist ein Ortsteil der Gemeinde Kottmar. Und die wiederum hat ihren Namen vom Berg Kottmar. Exakt 583 Meter hoch, überragt er alles im Lausitzer Bergland.

Schon von Ferne grüßt er, als wir uns von der Stadt Löbau aus nähern. Genau wie der nahe gelegene Schlechteberg in Ebersbach und der Löbauer Berg ist der Kottmar ein erloschener Vulkan aus dem Tertiär. Er besteht aus dem so genannten »Phonolith«, einem vulkanischen Ergussgestein. Noch ein bisschen Erdkunde-

Unterricht gefällig? Dann soll noch erwähnt sein, dass der Berg Teil der Oberlausitzer Wasserscheide ist, denn an seinem Fuße entspringen eine der drei Quellen der Spree und das Cunnersdorfer Wasser. Beide fließen über die Spree in die Nordsee. Aber am Kottmar entspringt auch der Petersbach, der schließlich über Lausitzer Neiße und Oder in der Ostsee »landet«.

Aber bevor wir noch gänzlich »verwässern«, konzentrieren wir uns jetzt besser auf den Weg. Wir sind auf einer Straße unterwegs, die 1828 erbaut wurde als Verbindung von Löbau nach Neugersdorf und Rumburk in Tschechien. Doch soweit wollen wir heute nicht. »Sie haben Ihr Ziel erreicht«, meint das Navi und schickt uns runter von der Landstraße, nach Kottmarsdorf.

Bevor wir zum Friseurmuseum fahren, möchte der Kameramann unbedingt zur Bockwindmühle auf dem Pfarrberg. Mit seinen 435 Metern Höhe, kann der es mit dem Kottmar zwar nicht aufnehmen, aber für »eine schöne Totale vom Ort« ist er genau richtig. Und unser Kameramann ist glücklich, er bekommt seine Gesamtansicht vom Dörfchen, das wirklich traumhaft schön in der Landschaft schlummert!

Weil wir einmal hier oben sind, wird natürlich die Mühle auch gleich ins rechte Licht gesetzt. Schließlich ist sie eine der Sehenswürdigkeiten von Kottmarsdorf. 1843 erbaut, funktioniert sie immer noch. Heute steht sie unter Denkmalschutz. Wegen der geografischen Nähe zum Berg Kottmar sprechen die Einheimischen nur von der »Kottmar-Mühle«. Bis zum Tod des letzten Müllers wurde hier genau einhundert Jahre lang Getreide gemahlen. Danach stand sie fast zwanzig Jahre lang still und verfiel zusehends. In den 1960er Jahren nahm sich der Verein Natur- und Heimatfreunde ihrer an und öffnete die Mühle für Besucher. Später wurde gründlich saniert. Seit 1990 drehen sich die Flügel wieder im Wind, und die 50 Tonnen schwere Mühle lässt sich auch wieder um die eigene Achse in die jeweilige Windrichtung stellen. Daher der Name »Bockwindmühle«. Aber Mühlen sind heute nicht unser Hauptthema, und deshalb geht es jetzt ins Dorf hinunter. Schließlich habe ich einen »Friseurtermin«!

Nur einen Katzensprung von der Kirche entfernt steht ein Kleinbauernhaus, erbaut im Jahr 1812. Es ist die Nummer 40 der Dorfstraße und leuchtet uns in sattem Gelb entgegen. Die kleinen Fenster in der oberen Etage sind umgeben von einer Schieferfassade. Das spricht für strenge Winter in der Gegend, mit viel Eis, Schnee und Sturm. Zumindest in den zurückliegenden Jahrzehnten bzw. Jahrhunderten, als es noch »richtige« Winter in unseren Breiten gab. Mit besagten Schieferfassaden konnten die Menschen ihre Häuser besser gegen Witterungseinflüsse schützen.

Heute aber taucht die Herbstsonne die Dorfstraße von Kott-marsdorf in warmes Licht, und die Türen im Erdgeschoss von Nr. 40 sind weit offen: Das Friseurmuseum lädt ein zu einem Besuch. Also hinein!

»Einmal waschen, schneiden und föhnen, bitte«, sage ich, so wie es in meinem Manuskript für die Folge des Städterätsels steht, die wir heute hier drehen. Ulrich Lück lacht. Er hat das Museum vor fünfzehn Jahren gegründet und freut sich zusammen mit seinen Vereinsfreunden, dass es so gut angenommen wird.

Wirklich ein Schmuckstück! Der kleine, quicklebendige Mann mit dem Berliner Dialekt führt mich gleich ins »Allerheiligste« – in einen original erhaltenen Friseursalon aus den 1920er und 30er Jahren für gut betuchte Kunden. Ich darf Platz nehmen in einem mit Leder gepolstertem Friseurstuhl mit Kopfstütze. Vor mir ein großes Porzellanwaschbecken, über das sich zum Beispiel schon Johannes Heesters oder Hans Albers zum »Shamponieren« ge-beugt haben.

Das bleibt mir Gott sei Dank erspart! Ulrich Lück erzählt, dass die beiden Filmstars nicht die einzigen waren, die zu den Kunden im Friseursalon gehörten. Auch Heinz Rühmann ließ hier Haare, und Grethe Weiser wurden die Locken onduliert. Gekrönte Häupter wurden ebenfalls schön gemacht, und auch später, zu DDR-Zeiten, war der Adel zur Stelle: Manfred von Ardenne zum Beispiel.

Natürlich kamen all die Genannten nicht ins kleine Kottmars-dorf. Der Friseur ihres Vertrauens war in der Collenbuschstra-ße auf dem Weißen Hirsch von Dresden ansässig! Dort erlebte der Salon seine »aktiven Zeiten«, nachdem er 1910 eröffnet wor-den war. Nach der Wende entdeckte Lück das wertvolle Stück »Friseurgeschichte« und setzte alle Hebel in Bewegung, dass es bewahrt werden konnte. Den Umzug von Elbflorenz in die Oberlausitz hat der Salon gut überstanden. Nun verbreitet er wieder Glanz wie in alten Zeiten! Und es funktioniert noch alles, inklusive Brause.

Ich komme also trocken davon, und Kameramann und Auto-rin setzen alles daran, dass ich im kleinen Perückenstudio neben-an »Schaulaufen« mache. Überredet, ich gebe klein bei, obwohl mir heute noch sofort der Geruch von Mastix in die Nase steigt,

wenn ich nur von weitem Perücken sehe. Ein »bleibender Scha-
den« aus Theaterzeiten! Trotzdem, die haarige Verwandlung in
Kottmarsdorf macht Spaß.

In der nächsten Abteilung des Friseurmuseums lacht mir
Schauspielerkollege Tom Schilling von einem Foto aus der Zeitung entgegen. Zusammen mit Ulrich Lück. Der hatte für die
Dreharbeiten der Hitler-Groteske »Mein Kampf« im Jahr 2011
ein Rasiermesser zur Verfügung gestellt. Damit hat dann Götz
George als Schlomo Herzl im Film dem Hitler-Darsteller Schilling das berüchtigte Bärtchen gestutzt.

Lück ist der Stolz jetzt noch anzusehen und die Freude darüber,
dass eines seiner Rasiermesser auf der Leinwand zu sehen war. Mit
einem ganz scharfen »Auftritt«! Und natürlich war der Museums-
chef zur Premiere in Zittau eingeladen. Übrigens, der Kontakt zu
den Filmleuten ist nie ganz abgerissen. Es kommt immer wieder
einmal vor, dass ein historisches Friseurutensil benötigt wird.

Zum Beispiel eine Brennschere! Davon gibt es im Kottmarsdor-
fer Friseurmuseum die stattliche Anzahl von 700 Stück. Guinness-
Buch-rekordverdächtig! Für Ulrich Lück ist das ein Traum, den
sich der passionierte Sammler unbedingt noch erfüllen will.

Wobei es hier nicht um Masse, sondern Klasse, besser Extra-
klasse geht. Auch da bleibt Lück keine Antwort schuldig. Die
ältesten Brennscheren der Sammlung stammen aus der Zeit um

1800. Und dann erfahre ich noch, dass diese nicht ganz ungefähr-
lichen Eisen vom Franzosen Marcel Grateau erfunden wurden.
Damals klagte so manche Kundin, die sich nach gewelltem Haar
oder einer Lockenpracht sehnte, über Verbrennungen der Kopf-
haut. Dagegen ist natürlich eine Prozedur mit dem modernen
elektrischen Lockenstab nahezu ein Kinderspiel!

Beim Rundgang durch das kleine Museum entdecken wir
noch allerlei andere, beinahe schon Furcht einflößende Geräte.
Wenn ich an den Dauerwellapparat denke oder an die Trocken-
hauben... Wer schön sein will, der musste bei den damaligen
Figaros schon ganz schön tapfer sein!

Gehen Sie eigentlich zum Friseur oder schneiden Sie selbst,
will ich von Ulrich Lück wissen. »Um Gottes willen, ich bin
kein Friseur, habe das Handwerk nie gelernt. Ich arbeitete im
Stahlwerk Hennigsdorf als Industriekaufmann. Dann habe ich
meine Frau kennengelernt. Sie war Kosmetikerin, und ich habe
dann auf Handelsvertreter für Friseurartikel umgesattelt. Später hat mich meine Frau zum Fußpfleger ausgebildet. Da war
die Sammelleidenschaft aber schon voll ausgebrochen.« Ulrich
Lück, gewissermaßen von Kopf bis Fuß der Mann für alle Fälle!
Als Chef des »Kosmetik-Fußpflege-Friseur-Museums« (um den
Namen einmal vollständig zu nennen) von Kottmarsdorf ist er
unbezahlbar!

Ich kann mir sehr gut vorstellen, dass die Führungen, die er
hier für die Besucher macht, höchst unterhaltsam sind. Vor allem
dann, wenn es größere Gruppen sind, die ihren Betriebsausflug
machen oder sich hier zum »kulturellen Teil« ihrer Familienfeier
treffen. Und auch Fachpublikum kommt vorbei. So nutzen beispielsweise Azubis die Gelegenheit für einen Anschauungsunter-
richt zum Thema »Geschichte des Friseurhandwerks«.

Nach vier Stunden, dem längsten Friseurbesuch meines Le-
bens, bekomme ich noch eine ehrenvolle Aufgabe: Ich darf die
Trinkgeldkasse einweihen, ein kleines Schränkchen mit vielen
Fächern. Auch ein Original aus alten Zeiten und die neueste Er-
rungenschaft des Meister-Sammlers von insgesamt sechstausend
Exponaten. Ich bin sicher, es wird nicht sein letztes sein.

»Da werden wir wohl irgendwann noch einen Termin für Dich
machen müssen«, lacht die Autorin. Und der Kameramann er-

gänzt: »Am besten fand ich Dich im Perückenstudio …« So sind sie, die Kollegen!

Mein Tipp:
Planen Sie ein bisschen mehr Zeit ein, wenn Sie dieses hübsche »Nest« in der Oberlausitz im Landkreis Görlitz besuchen. Sie sollten sich unbedingt die Barockkirche in der Ortsmitte anschauen. Das Gotteshaus wurde in seiner heutigen Form 1736 erbaut. 1854 kam dann der 50 Meter hohe Kirchturm dazu. Die schlichte hölzerne Innenausstattung ist in ihrer Ursprünglichkeit erhalten geblieben. Auffallend sind die typischen Barockfarben gelb, rot, schwarz und weiß mit Lilienmustern. Die Kirche steht unter Denkmalschutz und kann besichtigt werden.

Wenn Sie nach den Erkundungen und Wanderungen im Lausitzer Bergland hungrig geworden sind, dann kehren Sie in einen der vielen Landgasthöfe ein, die es hier gibt, und verlangen Sie eine »Teichelmauke«. Das ist ein für die Region typisches Gericht: Kartoffelbrei mit einem Loch in der Mitte, einem kleinen »Teich«, in dem Fleisch und Brühe serviert werden. Der Rand ist mit Sauerkraut garniert.

Hinweis:
Nach Redaktionsschluss haben wir erfahren, dass das Friseurmuseum geschlossen ist. Schade! Aber die Geschichte vom berühmten Friseursalon wollte ich trotzdem erzählen. Das haben Ulrich Lück und seine Mitstreiter vom Verein verdient. Und wer weiß, vielleicht eröffnen ja die Museumsfigaros von Kottmarsdorf an anderer Stelle wieder das historische Juwel und vergeben dann neue Friseurtermine, bei denen es nicht nur ums Haareschneiden geht. Was in Berlin, Hamburg, Nordrhein-Westfalen oder Hessen funktioniert, müsste doch in Sachsen auch gehen …

Barockkirche
02708 Kottmarsdorf, Anmeldung bei Andreas Augustin unter Tel. 035875 6 27 47

Bockwindmühle
02708 Kottmarsdorf, Mühlenführungen nach Voranmeldung bei Frau Dreßler unter
Tel. 035875 6 23 95 oder christadressler@gmx.de

Leipzig

Die Sonne hat an diesem Märztag schon vormittags so viel Kraft, dass ich zu Hause die Balkontür weit offen lasse und meinen Kaffee draußen trinke. Mir bleibt noch Zeit zum Trödeln. Und so genieße ich den Blick über Leipzig und tausche die letzte große Weihnachtskugel an meinem Tannenbaum (der steht hier im Topf das ganze Jahr über) gegen handbemalte Eier. In vierzehn Tagen ist Ostern.

Mein Kaffee »to go« ist ausgetrunken. Frühstück gibt es nicht, denn wir beginnen den Drehtag nachher gleich mit einem Brunch in einem der bekannten Kaffeehäuser der Stadt. Die sind heute unser Thema. Ich freue mich drauf, denn ich bin ein bekennender »Kaffeesachse«! Und als solcher halte ich es mit Kardinal Talleyrand, der einmal gesagt haben soll: »Der Kaffee muss sein schwarz wie der Teufel, heiß wie die Hölle, rein wie ein Engel, süß wie die Liebe.«

Eine halbe Stunde später fahren wir über die »Karli«, die Karl-Liebknecht-Straße, in der sich Geschäft an Geschäft reiht, Cafés bzw. Restaurants wie auf einer Perlenschnur aufgefädelt sind und die vom Peterssteinweg direkt ins Szeneviertel Connewitz führt. Ungefähr auf der Hälfte halten wir an, und unsere Assistentin schickt ein Stoßgebet zum Himmel: »Hoffentlich finde ich einen Parkplatz, steigt erst mal aus!«

Vor dem »Café Maître« sitzen heute nicht nur Raucher, sondern auch die ersten Sonnenhungrigen, eingewickelt in Wolldecken, die zusammen mit dicken Sitzkissen den Sonnen-Kaffee-Genuss zum Vergnügen werden lassen…

Ein schöner Drehtag, denke ich, und werde hineingebeten, ins »Maître«. Die Assistentin ist in einer Seitenstraße fündig geworden und möchte mich nun verkabeln. Unterdessen hat der Kameramann Spaß daran, mit den großen Spiegeln im Café zu spielen und ein raffiniertes Anfangsbild für unseren Städterätsel-Beitrag zu zaubern. Dabei wird er immer wieder abgelenkt durch ein freundliches »Hallo, wie geht's Dir?« Man kennt sich, junge Leute, die hier oft frühstücken oder einfach nur etwas in der Patisserie kaufen wollen. Ich nutze diese »Unterbrechungen«, und sehe mir das »Maître« genauer an…

»Luftiger Jugendstil«, heißt es in der Beschreibung des Café-Interieurs, die der Angebotskarte vorangestellt ist. Und weiter ist zu lesen, dass die Geschichte des Hauses im Jahr 1904 begonnen hat, als an dieser Stelle eine Konditorei mit kleinem Kaffeehaus eröffnet wurde. An der Eingangstür schützt ein Windfang mit Bleiverglasungen die Gäste, die im großzügig aufgeteilten Raum Platz genommen haben und auf bequemen Sofas oder Stühlen an Marmortischen auf Kaffee und Kuchen warten. Alles ist hell, die weißen Raumteiler und Bugholzmöbel bringen tatsächlich die versprochene »Leichtigkeit«. 1937 folgte der damalige Besitzer Walter Lindner dem Zeitgeschmack und ließ einige der typischen Jugendstilelemente überbauen.

Ich genieße jetzt mein Frühstück! Wunderbar, wie vergnüglich doch die Arbeit für Schauspieler sein kann… Nach einem neugierigen Blick ins Schaufenster der hauseigenen Patisserie kann ich nicht anders: Eine Tüte Macarons muss mit, gewissermaßen als »Wegzehrung«.

Auf unserer »Kaffeefahrt« Richtung Zentrum fahren wir über den Innenstadtring und kommen natürlich unmöglich am legendären »Ring-Café« vorbei. Von Kaffeeduft keine Spur, dafür Erinnerungen daran, dass hier vor sechzig Jahren »Westparfüm und Krebscocktail« einen Hauch von großer, weiter Welt verbreiteten, wie eine lokale Zeitung vor nicht allzu langer Zeit bemerkte. Stimmt, ich habe damals in Leipzig studiert. Aber für einen Ring-

Café-Besuch fehlte das nötige Kleingeld, deshalb saßen wir lieber draußen an den Springbrunnen und »bewunderten« die Ringbebauung, das Pendant zur Berliner Stalinallee. Anfang der 1950er Jahre entstand der Komplex, zu dem auch das bei den Leipzigern sehr beliebte Tanzcafé gehörte. Wenn im Frühjahr und Herbst Messezeit war, traf sich im »Ring-Café« Ost und West!

1960 war Che Guevara mit einer kubanischen Wirtschaftsdelegation in Leipzig und wurde von seinen Gastgebern am Abend ins Ring-Café eingeladen. Prompt war die Karibikinsel ein Jahr später offizieller Aussteller auf der Messe und auch »Che« kam wieder. Diesmal in Begleitung von »Tanja«, der Dolmetscherin Tamara Bunke, einer jungen Frau, die aus Eisenhüttenstadt stammte. Später Romanheldin, denn die beiden fanden 1967 als Partisanen in Bolivien den Tod.

Seit langem ist das »Ring-Café« geschlossen, Ausgang ungewiss! Aber wer weiß, vielleicht gibt es ja wieder ein Wunder. So, wie vor einigen Jahren, als es Schauplatz einer Pressekonferenz in Vorbereitung der Fußball-WM 2006 war, unter anderem mit Lothar Matthäus, Stefan Effenberg, Boris Becker und Ottmar Hitzfeld. Die Springbrunnen vor dem »Ring-Café« jedenfalls sprudeln wieder …

… genau wie der vorm »Kaffeebaum«, wie das Haus »Zum Arabischen Coffe Baum« in der Großen Fleischergasse gern kurz

genannt wird. Mit dem »Café Procope« im 6. Arrondissement von Paris zählt es zu Europas ältesten Kaffeehäusern. Seit 1711 wird hier nachweislich Kaffee ausgeschenkt. Seinen vollständigen, korrekten Namen hat der Kaffeebaum allerdings erst 1720 bekommen durch ein außergewöhnliches Zeichen am Haus: Die barocke Bildhauerei zeigt einen Türken, der einem nackten Knaben eine Schale Kaffee reicht, ein Symbol für die Geschichte des Kaffees als Kulturgeschenk des Orients an den Okzident. Bis heute hält das Rätselraten an, wer denn die Plastik über dem Portal in Auftrag gegeben und bezahlt habe. Der Legende zufolge hatte Kurfürst August der Starke eine Liaison mit der Wirtin Johanna Elisabeth Lehmann. Aus Dank für die erbrachten Liebesdienste soll er ihr die prächtige Plastik gestiftet haben …

Viele namhafte Persönlichkeiten sind hier eingekehrt, Johann Sebastian Bach zum Beispiel, später Gotthold Ephraim Lessing, Johann Wolfgang von Goethe und Kaiser Napoleon Bonaparte. Auch der Romantiker Robert Schumann kam oft und gern in den Kaffeebaum und traf sich mit Musikerkollegen zum Stammtisch. Zwischen 1833 und 1840 diskutierte Schumann hier im Kreise der so genannten Davidsbündler über seine »Neue Zeitschrift für Musik«. Der Komponist leitete die Vereinigung, der vor allem junge Musiker angehörten, die mit den Zuständen in Deutschland, was die Musik betraf, unzufrieden waren.

Zu keiner Zeit war der »Arabische Coffe Baum« eine reine Kaffeeschänke. Und so ist es auch noch heute. Da gibt es im Erdgeschoss und in der ersten Etage verschiedene Restaurants und im zweiten Stock drei Cafés. Auf diese Art wird Traditionelles bewahrt: Schon die erste Wirtin Lehmann (gemeint ist die mit August!) schenkte auch Tee, Kakao und Likör aus. Und ab 1742 wurde im »Kaffeebaum« sogar Bier gezapft. Während für das leibliche Wohl der Gäste zunächst nur ein kleiner Imbiss zur Verfügung stand, änderte sich das um 1800. Von nun an speiste man à la carte!

Wir steigen nach ganz oben, unters Dach. Dort können die Besucher nach allerlei Genüssen auch noch ihren Wissensdurst löschen. Zuerst muss man durch eine originale Ladenküche von 1920 gehen, um in die Kaffeküche zu kommen. Und dann wird es ein bisschen unbequem: Eine schmale Stiege führt direkt ins

Kaffee-Museum, das in Kooperation mit dem Stadtgeschichtlichen Museum Leipzig entstand und etwa 500 Exponate rund um den Kaffee präsentiert. Hier werden aber auch ganz »grundsätzliche« Fragen geklärt, zum Beispiel, was es mit dem berühmten »Bliemchen-Gaffee« auf sich hat: Ganz einfach, der ist so dünn, dass man das Blümchenmuster auf dem Grund der Tasse aus Meißener Porzellan erkennen kann. Also »Herzkasper« ausgeschlossen! Und wer wissen möchte, woher der hübsche sächsische Ausdruck »Muggefukk« kommt, der erfährt folgendes: Als Napoleons Truppen 1806 in Leipzig Einzug hielten, verlangten sie lautstark nach »Mocca faut«, nach einem mit Malz versetzten Kaffee. Für die »fichelanten« Sachsen war das kaum auszusprechen, und so hieß es dann eben »Muggefukk«.

Wir bleiben dem Französischen treu, drängeln uns mit den vielen Touristen durchs enge Barfußgäßchen, gehen über den Markt, kommen schließlich in das Schumachergäßchen, und da schauen sie uns schon von weitem an: Zwei große Elefantenköpfe, die rechts und links über dem Eingang zum »Café Riquet« wachen.

Die Riquet & Co. AG stellte Kakao, Schokoladen, Pralinen und Bonbons her und verkaufte diese. Außerdem handelte die Firma mit Tee und China- bzw. Orientwaren. Im 17. Jahrhundert mussten die Riquets Frankreich verlassen und emigrierten nach Deutschland. Und Anfang des 20. Jahrhunderts beauftragte das Unternehmen den Architekten Paul Lange, in Leipzig ein Geschäftshaus zu errichten. Dieser setzte die Handelstradition der Firma Riquet beim Bau des großen Eckhauses in der Leipziger Innenstadt auf recht einfallsreiche Weise um. Das doppelstöckig geschweifte Dachtürmchen entlehnte er zum Beispiel der klassischen chinesischen Baukunst. Überhaupt gehörte der Mix aus Jugendstil und asiatischer Architektur seinerzeit zu den modernsten und zweifellos originellsten Neubauten in Leipzig. Seit Ende des 19. Jahrhunderts war der Elefant zentrales Bildmotiv in Riquet-Werbeanzeigen. Deshalb schmücken die zwei kupfergetriebenen lebensgroßen Köpfe der Tiere auch den Eingangsbereich des Geschäftshauses. Und die Elefanten sind noch immer das Erkennungszeichen für alle, die sich im »Café Riquet« in der Innenstadt verabreden. Serviert werden hier natürlich auch Kaffeespezialitäten, die bis in die Gründungszeit des Unternehmens zurückreichen: Elefantenkaffee, Kaffee Riquet, Pharisäer, Einspänner und andere internationale Spezialitäten mit und ohne Alkohol.

Die Brüderstraße 6 ist unsere letzte Station. Wolkenstores an den großen Fenstern schützen die Gäste im »Café Corso« vor neugierigen Blicken.

Seit Jahrhunderten sind Kaffeehäuser Treffpunkte für Menschen wie du und ich, für Damen mit vornehmen Hüten, Künstler mit und ohne Rauschebart, nachdenkliche Philosophen, nervös agierende Geschäftsleute, verschmuste Liebespaare. Cafés sind Orte des Müßiggangs, verlängerte Wohnzimmer oder konspirative Treffpunkte. Das »Corso« in Leipzig gehört dazu, schon seit über hundert Jahren … Im Jahre 1912 gründete der Konditormeister Ernst Fischer die Corso-Konditorei. Er pachtete vom ehemaligen Hofkonditor Gustav Hausmann das Kaffeehaus »Fürst Reichskanzler« in der Goethestraße und eröffnete dort ein Lese-Café. 1926 folgte ein weiteres Konzert- und Lese-Café am Augustusplatz, und am 1. August des gleichen Jahres schließlich das Café in der Königspassage. Dann das vorläufige Ende am 4. Dezember 1943: Das Konzertcafé Corso und die Konditorei »Fürst Reichskanzler« fielen durch Bombenangriffe in Schutt und Asche. Einen Neuanfang wagte Fischer am 1. Juli 1944 mit

der Eröffnung des »Café Hennersdorf« im Gewandgäßchen. Gleichzeitig pachtete er die in der Brüderstraße betriebene Bäckerei als Café mit Ladengeschäft und als Produktionsstätte für seine Konditoreiwaren.

1972 wurde die Corso-Konditorei der Fischers verstaatlicht. Nach der politischen Wende wurde das Familienunternehmen neu gegründet und in altbewährter Tradition fortgeführt...

Wer sich an der Kuchentheke im »Corso« etwas ausgesucht hat, nimmt an einem der runden Tische Platz, und wenig später werden Torte, besonders große Leipziger Lerchen oder Stollenspezialitäten serviert. Letztere sind gerade »aus«, denn es ist ja bald Ostern...

Ein koffeinreicher, schöner Arbeitstag geht zu Ende. Obwohl, ein Kaffee zum Mitnehmen, ein »coffee to go« geht noch. Und dazu packe ich die Tüte mit den Macarons aus. Es ist auch am späten Nachmittag noch mild, und da gibt es fast nichts Schöneres, als zum Feierabend ein »Schälchen Heeßen« auf der Parkbank.

Mein Tipp:
Wo fange ich an, wo höre ich auf? Ganz altmodisch habe ich in den Gelben Seiten die Einträge der Kaffeehäuser von Leipzig gezählt: Knapp einhundert! Ich bin so frei und greife drei heraus: Klar,

auch mein Stammcafé, das »Bachstübl« am Thomaskirchhof, so viel Zeit muss sein! Apropos Zeit: Hier gibt es nicht nur leckeren Kuchen, hier lassen sich auch Wartezeiten vor der Besichtigung oder dem Konzert in der Thomaskirche wunderbar aushalten! Das »Café Grundmann« in der August-Bebel-Straße ist eine weitere gute Adresse in Sachen beliebte Leipziger Kaffeehäuser. Das Angebot geht hier weit über Kalorien- und Koffeinhaltiges hinaus. Es gibt einen guten Mittagstisch und abends tolle Veranstaltungen und Konzerte. Zum Beispiel spielt jeden ersten Dienstag im Monat der Hot Club d' Allemagne. Zum Schluss noch ein Tipp für alle, die es nicht so mit dem Kaffee haben, aber Kaffeehaus-Atmosphäre lieben: An der Thomaskirche gibt es ein altes Leipziger Traditionshaus, das schon zu DDR-Zeiten als »Teehaus« bekannt war. Dort, im »Café Kandler«, sollten Sie einkehren! Neben verschiedenen Kaffeespezialitäten werden mehr als 80 Sorten Tee kredenzt.

Café Maître
   Karl-Liebknecht-Straße 62,
   04275 Leipzig, Mo–Fr 8–24 Uhr,
   Sa 9–24 Uhr, So 9–22 Uhr
Zum Arabischen Coffe Baum
   (mit Kaffeemuseum), Kleine
   Fleischergasse 4, 04109 Leipzig,
   Mo–So 11–23 Uhr
Café Riquet
   Schuhmachergäßchen 1, 04109
   Leipzig, täglich 9–19 Uhr
Café Corso
   Brüderstraße 6, 04103 Leipzig,
   Mo–Fr 8–18 Uhr, Sa 10–17 Uhr

Bachstübl
   Thomaskirchhof 12, 04109 Leip-
   zig, Mo–Sa 10–24 Uhr,
   So 11–21 Uhr
Café Grundmann
   August-Bebel-Straße 2,
   04275 Leipzig, Mo–Fr 8–23 Uhr,
   Sa 9–23 Uhr, So 9–19 Uhr
Café Kandler
   Thomaskirchhof 11, 04109 Leip-
   zig, Mo–Do 10–20 Uhr
Touristinformation
   Katharinenstraße 8, 04109 Leip-
   zig, Mo–Fr 9.30–18 Uhr,
   Sa 9.30–16 Uhr, So 9.30–15 Uhr

Markneukirchen

Es hat die ganze Nacht hindurch geschneit. Und während wir den ersten Kaffee des Tages in einer kleinen Raststube kurz vor Markneukirchen genießen, überlegen wir, ob wir vielleicht die letzten Kilometer bis zu unserem Ziel rodeln sollten. Aber das Scharren der Schneeschieber und das Flackern der Rundumleuchte des Streufahrzeuges, das wir hier hören und sehen können, machen uns Hoffnung: Hier im Vogtland funktioniert der Winterdienst!

Und so fahren wir über die Kärnerstraße bzw. die Bundesstraße 283 und kommen sicher in der heimlichen Hauptstadt des Musikwinkels an. »Dann drehe ich gleich mal die Stadtbilder für den Rätseltrailer!« Mit diesen Worten »entschwindet« unser Kameramann, Stativ und »Mühle« (so der liebevolle Spitzname für die Kamera) geschultert, in Richtung Zentrum. »Wir treffen uns im Reichelgässel am Markt«, ruft ihm die Autorin nach und lacht. Für ein kurzes Kopfnicken reicht es noch, dann ist der Mann mit der »Mühle« um die Ecke verschwunden.

»Da wird er ganz schön suchen, das heißt nämlich jetzt Marktgäßchen«, werde ich aufgeklärt, »Bis 1903 trug die kleine Straße, die hinter dem ehemaligen Rathaus am Markt einmündet, den Namen Reichelgässel in Erinnerung an Christian Reichel, den Initiator und ersten Obermeister der 1677 gegründeten Geigenmacher-Innung.«

Reichel, so erfahre ich weiter, stammte aus dem böhmischen Graslitz. Zusammen mit elf weiteren Geigenbauern hatte er aus Glaubensgründen seine Heimat verlassen und sich Mitte des 17. Jahrhunderts in Markneukirchen niedergelassen. Eine schöne Bronzeskulptur vor dem Musikinstrumentenmuseum erinnert an diese Männer, die letztendlich den Grundstein gelegt haben für eine überaus erfolgreiche wirtschaftliche Entwicklung im Orchesterinstrumentenbau. Nicht umsonst schwärmen Kenner vom »Sächsischen Cremona« und meinen Markneukirchen!

Inzwischen sind wir am Marktplatz angekommen und hören ein wenig dem zu, was die Stadtführerin einer Touristengruppe erzählt: Noch bis zum Jahr 1891 wohnten in den Eckhäusern zum Marktplatz fünf weitere Generationen der Familie Reichel. Da frage ich mich, warum die Gasse nicht mehr Reichelgässel heißt…

In diesem Moment kommt er um die Ecke, jung, dynamisch und erfolgreich. Er hat uns gefunden, der Kameramann, der inzwischen Handschuhe trägt und eine Wollmütze, denn richtige vogtländische Winter sind kalt!

Es schneit weiter und die Schneemützen auf den Häusern von Markneukirchen werden immer höher. Auch die auf dem Walmdach vom »Paulus-Schlössel«. So heißt die gelbe Villa, die genau genommen ein spätbarockes Bürgerhaus ist und nach ihrem letzten Besitzer benannt wurde. Zum Glück blieb das Gebäude beim großen Stadtbrand von 1840 verschont. Wir gehen über den großen Innenhof, beachten das Warnschild »Vorsicht Dachlawine!« nicht weiter und stehen schon im Foyer des heutigen Musikinstrumenten-Museums.

Sage und schreibe 3600 Exponate wurden hier zusammengetragen, die von der Musikinstrumentenvielfalt in der Welt und von der Entwicklung des Musikinstrumentenbaus im Vogtland künden. Der Lehrer und Organist Paul Apian-Bennewitz hatte 1883 im Gewerbeverein der Stadt ordentlich die Werbetrommel gerührt und so die Gründung der Sammlung angeregt. Bennewitz' Anliegen war es auch, damit eine Lehrstätte für die einheimischen Instrumentenbauer zu schaffen.

Das zahlt sich natürlich nun für die Museumsbesucher aus! Die staunen nicht schlecht, wie viele verschiedene Instrumentengruppen es in Europa, im Nahen und Fernen Osten, in Afrika, Australien und in Amerika gibt. Und wie sich die Streich-, Zupf-, Holzblas-, Metallblas- und Zungeninstrumente, die Tasteninstrumente und die mechanischen Spielwerke entwickelt haben. Besonders groß ist das Erstaunen beim Betrachten der Miniaturen in der Glasvitrine in der Rudolf-Schuster-Diele. Robert Penzel hatte die kleinen Geigen 1925 hergestellt. So klein, dass sie in eine Streichholzschachtel passen. Penzel war auf Wanderschaft in Schwerin, Hamburg und London gewesen, bevor er 1902 seine Werkstatt in Markneukirchen eröffnete. Er wurde als guter Geigenbauer geschätzt und erhielt in der ersten Geigenfabrik der Stadt die Stelle des technischen Leiters. Unter seiner Anleitung entstanden in der Kunstwerkstätte für Musikinstrumente hochwertige Streichinstrumente, die bei internationalen Ausstellungen ausgezeichnet wurden. Die Miniaturen sind nur ein praktischer Beweis für Penzels handwerkliches Geschick.

Es bleibt aber nicht bei diesen Kuriositäten auf unserem musikalischen Museumsbummel durch Markneukirchen. Nur einen Katzensprung vom Musikinstrumenten-Museum entfernt, im Gerber-Hans-Haus, erwartet uns Rekordverdächtiges!

Als die Stadt Markneukirchen ihre 650-Jahr-Feier beging, präsentierte sie der Welt die größte spielbare Geige mit dazugehörigem Bogen. Die steht jetzt hier vor uns: 4,27 Meter lang,

131 Kilogramm schwer, hergestellt in 1700 Arbeitsstunden von 15 Instrumentenbauern der Stadt. Und auch der Bogen kann sich sehen lassen mit einer Länge von 5,22 Metern und einem Gewicht von 14,7 Kilogramm. Da muss man schon starke Arme haben!

Sie schaffte es 2012 ins Guinnessbuch der Weltrekorde! Der Leipziger Musiker und Komponist Stephan König schrieb eigens für die »Große« eine »Rhapsodie für Riesengeige und Orchester«. Dafür gab es weltweit Anerkennung und einen Riesenapplaus.

Noch eine Weltrekordlerin glänzt im Gerber-Hans-Haus: Die größte spielbare Tuba der Welt! 2,05 Meter hoch und 50 Kilogramm schwer. Aber diese Angaben sind eigentlich nur »Äußerlichkeiten«. Auf die inneren Werte der XXL-Lady kommt es an! Das Instrument ist das einzige seiner Größe, das wirklich in allen Bauteilen maßstabsgetreu zu einer normalen Tuba gefertigt wurde und somit uneingeschränkt spielbar ist. Und das begeistert nicht nur »Rekordjäger«, sondern auch die Männer vom Fach, wie beispielsweise den Tubisten Jörg Wachsmuth. Der Solist der Dresdner Philharmonie und Professor an der Musikhochschule in Elbflorenz ließ es sich nicht nehmen, beim ersten öffentlichen »Auftritt« der Riesentuba im Mai 2012 persönlich zu blasen: »Der alte Brummbär«, ein Stück von Julius Fučík, stand auf dem Programm und brachte beiden, der Tuba und dem Professor, Standing Ovations. Die gab es auch, als Wachsmuth das Kunststück fertigbrachte, Rimski-Korsakows »Hummelflug« unter einer Minute auf der Riesentuba zu spielen. Also wieder eine Eintragung bei Guinness… Es ist nur zu verständlich, wenn sich die »große Dicke« hier im Gerber-Hans-Haus von Markneukirchen einmal ausruhen muss, bevor es zum nächsten Auftritt geht. Da kann es durchaus passieren, dass an ihrem angestammten Platz im Museum ein Zettel hängt: »Bin unterwegs, aber komme zurück!«

Wir haben Glück und können sie bewundern! Und wir bleiben noch in dem Haus mit dem eigenartigen Namen »Gerber-Hans-Haus«. Bis 1859 gehörte das Gebäude der Bogenmacherfamilie Knopf. Dann erwarb es ein gewisser Carl Gottlob Schuster, seines Zeichens Rotloh-Gerbermeister. Aus dieser Zeit stammt auch der noch heute gebräuchliche Name »Gerber-Hans-Haus«. Dessen Sohn Carl August errichtete hier 1878 eine Dampflohmühle und wenige Jahre später ein Sägewerk und eine Holzhandlung. Mit heimischen und tropischen Hölzern wurde dort gehandelt, die für den Musikinstrumentenbau eingesägt worden waren. Bis 1976 blieben Haus und Anwesen im Besitz der Familie Schuster. Jetzt gehört es der Stadt Markneukirchen, die es 2010 sanieren ließ. Und so kommt es, dass man dem 300 Jahre alten Bürgerhaus mit dem frisch gedeckten Sattelwalmdach sein Alter gar nicht ansieht.

Vom ehemaligen Sägewerksgebäude im Hof dringen Geräusche herüber. Sie kommen aus dem Museum, in dem die historischen Maschinen wieder flott gemacht wurden. Bei Schauvorführungen wird den Besuchern gezeigt, wie das damals funktionierte.

Doch in der »Hauptstadt« des vogtländischen Musikwinkels beschäftigt man sich nicht nur mit der Geschichte des Instrumentenbaus vergangener Jahrhunderte. Alles, was zwischen 1946 und den 1970er Jahren an Klangkörpern hergestellt wurde, ist in der Brehmer-Villa in der Adorfer Straße zu finden. Hier präsentiert das Framus-Museum mehr als zweihundert Instrumente, von der Violine bis zum E-Bass.

Ob Bill Wyman von den Rolling Stones, die Beatles, die Jazz-Gitarristen Attila Zoller, Jim Hall und Volker Kriegel, Kontrabassist Charles Mingus oder Slavko Avseniks Original Oberkrainer, sie alle haben Framus-Instrumente gespielt und mit ihnen Musikgeschichte geschrieben. Als Vorreiter der industriellen Gitarrenproduktion in Europa stand die Marke für eine Reihe von Innovationen und Entwicklungen, die bis heute Bestand haben. Hier im Museum können einige dieser technischen Neuerungen bestaunt werden.

Am Ende unseres Drehtages schauen wir noch in der neu erbauten Musikhalle von Markneukirchen vorbei. Gut, es ist nicht die Royal Albert Hall von London, aber es ist die größte und modernste Kultureinrichtung der obervogtländischen Musikregion. Das Konzerthaus wurde 1995 eingeweiht und kann sich sehen und hören lassen! Immerhin verfügt es über rund 800 Sitzplätze im Saal und knapp 100 auf der Galerie. Zudem kann auch das Foyer genutzt werden. Fachleute bescheinigen gern, dass die Musikhalle von Markneukirchen höchsten Ansprüchen gerecht wird. Sie bietet ein breites kulturelles Spektrum von Klassik, Oper, Operette über Musical, Jazz und Folk bis hin zu Shows und

Galaveranstaltungen sowie internationalen Musikwettbewerben. Als wir gegen 18 Uhr die Halle verlassen, laufen die letzten Vorbereitungen für ein Gastspiel der Oper Halle. Die Compagnie von Ballettchef Ralf Rossa wird sich freuen: »Der Nussknacker« ist an diesem Abend ausverkauft!

Draußen fallen immer noch sachte weiße Flocken. Irgendwie passt das zur Geschichte vom Mädchen Clara, das am Weihnachtsabend einen Nussknacker geschenkt bekommt. Ich steige ins Auto, und unsere junge Kollegin fährt vorsichtig los. Am Ende der Straße flackert eine orangefarbene Rundumleuchte. Für die Männer des Winterdienstes beginnt die Nachtschicht.

Mein Tipp:

Markneukirchen, das ist nicht nur Musik, das ist auch ein wunderschöner Ort in einer waldreichen Gebirgslandschaft, die zum Wandern auf über 70 Kilometer langen markierten Wegen einlädt. Im Winter findet der Gast gespurte Loipen und Winterwanderwege mitten durch die weiße Pracht.

In Sachen Musik sei noch angemerkt, dass in den Sommermonaten im Hof des Musikinstrumenten-Museums Konzerte stattfinden.

Interessant und sehr kurzweilig ist im Ortsteil Wohlhausen ein Besuch in »Hüttel's Musikwerkausstellung«, die sich auf mechanische Musikinstrumente spezialisiert hat. Eine Vielzahl mechanischer Musikautomaten ist dort zu sehen, u. a. Orchestrions, Karussellorgeln, Flötenuhren und Grammophone. Im Ortsteil Landwüst gibt das Vogtländische Freilichtmuseum einen Einblick in die Geschichte der Region und das Leben der Vogtländer in der Vergangenheit.

Musikinstrumenten-Museum
Bienengarten 2, 08258 Markneukirchen,
Apr.–Okt.: Di–So 10–17 Uhr,
Nov.–März: Di–So 10–16 Uhr
Vogtländisches Freilichtmuseum
Rohrbacher Straße 4, 08258 Markneukirchen, Apr.–Nov.:
Di–So 10–17 Uhr, Dez.–März:
Sa/So 10–16 Uhr

»Hüttel's Musikwerkausstellung«
Hauptstraße 10, 08258 Markneukirchen, täglich 9–17 Uhr
Gerber-Hans-Haus mit Tourismusbüro und Historischem Sägewerk,
Trobitzschen 16, 08258 Markneukirchen, Apr.–Okt.:
Di–So 10–17 Uhr, Nov.–März:
Di–So 10–16 Uhr

Neudorf

H eute gibt's Kartoffelsuppe. Freust Du Dich?« Unsere Autorin weiß, dass ich gern Suppen esse. Trotzdem bin ich erstaunt. Noch bevor die erste Klappe gefallen ist, ans Mittagessen denken? Sie klärt mich auf: »Wir fahren ins Suppenland, ins obere Erzgebirge. Auf dem Weg dorthin müssen wir zweimal umsteigen.« Aha, die Kartoffelsuppe ist also eine Art »Zielprämie«.

Weil der Weg weit ist, sind wir »kurz nach Mitternacht« bzw. 6.30 Uhr ins Auto gestiegen. Für die nächste halbe Stunde ist »kollektiver« Schlaf angesagt. Mit Ausnahme unserer Assistentin natürlich, die ich hier unbedingt loben will: Zu jeder Tages- und Nachtzeit hellwach, sicher am Steuer und immer wissend, wo es langgeht. Danke, toll! Dann gibt es, traditionsgemäß, die Bockwurst zum Frühstück.

Nach anderthalb Stunden erreichen wir Cranzahl und steigen in die Fichtelbergbahn um, die uns ins »Suppenland« bringen wird, nach Neudorf, einen kleinen Ort, der zur Gemeinde Sehmatal gehört.

Schnaufend setzt sich die Schmalspurbahn in Bewegung. Mit uns haben ein paar Touristen auf den Holzbänken im Traditionswagen Platz genommen. 1897 ist der erste Zug gefahren. Und wie damals zieht auch heute eine Dampflok die kleine Bimmelbahn. »Ihr wollt wohl zum Weißflog 'nauf nach O-Thal?«, fragt uns der Schaffner. Damit meint er den Kurort Oberwiesenthal, die höchstgelegene Stadt Deutschlands und Endpunkt der Fichtelbergbahn. Nein, diesmal »nur« ins Suppenland! »Auch gut«, lacht der junge Mitarbeiter der Sächsischen Dampfeisenbahngesellschaft und wünscht uns gute Weiterfahrt.

Der erste Halt ist Unterneudorf, der »Stachelbeerbahnhof«. Wir steigen noch nicht aus, denn wir wollen ja ins »Suppenland« Neudorf. Nach wenigen Minuten haben wir dann das beschauliche Dörfchen erreicht.

Gleich am Bahnhof wartet ein schicker Oldtimer-Bus, ein Wagen der »Suppenlandlinie«. Sie steuert die vielen kleinen Orte im Erzgebirge an und bringt uns in die »City« von Neudorf! Einer der knapp zweieinhalbtausend Einwohner schmunzelt über die flapsige Bemerkung unseres Kameramanns: »Klein, aber fein!« Der Kollege mit der Mühle bekommt einen roten Kopf und entschuldigt sich: »War nicht böse gemeint!« Kein Problem, meint der »Suppenländler« und bietet dem Langen eine Versöhnungszigarette an.

In der Karlsbader Straße sind wir ausgestiegen und kommen auf dem Weg zum Suppenmuseum am Suppenbaum vorbei. Der steht vor dem Kaiserhof und war in seinem früheren Leben mal eine Ulme. Mit einer Motorsäge wurde der abgestorbene Baum in eine große Plastik verwandelt, die nun vor dem ehemaligen Gasthof steht und einen riesigen Quirl, eine Kelle und einen Löffel aus Holz in die Luft hält. Warum wächst hier ein Suppenbaum, und warum ist Neudorf das Suppenland?

Unser Begleiter aus dem Oldtimerbus weiß Bescheid und erzählt die Geschichte vom »Katznhans«, der einst zwischen den Feldern bei Neudorf gelebt haben soll: »Gesah hob iech ne net, n Katznhans, aber de alten Leit hobn viel vun dan Waldgeist orzehlt...« Weiter in feinstem Hochdeutsch, berichtet der junge Neudorfer von der sagenhaften Geschichte: Eines schönen Tages hatte Katznhans keinen Appetit mehr auf Pilze, Wurzeln und Beeren. Deshalb ging er ins Dorf und bettelte um etwas Essbares. Da die Neudorfer einfache Leute waren, hatten sie nur Suppe im Haus, das Essen armer Leute eben. Davon gaben sie ihm aber gern ab. An sechzig Häusern klopfte Katznhans, und sechzig mal bekam er Suppe zu essen, immer eine andere. Trotzdem war das wohl zu viel für einen Tag. Der Waldgeist verschwand wieder und rief: »Neidorf – huh, huh, huh – is Suppndorf bis du!« Andere behaupten, der Suppenverkoster sei gar kein Waldgeist gewesen, vielmehr ein Einsiedler, der im Winter des Jahres 1532 im Dorf nach Essen bettelte und schließlich von den vielen verschiedenen Suppen Bauchweh bekam …

Ich weiß nicht, aber irgendwie muss ich jetzt immer an Kartoffelsuppe denken! Doch ich unterdrücke den Hunger und schließe mich meinen Kollegen an. Die laufen zielstrebig (und offensichtlich ohne jedes Hungergefühl!) auf ein rosa-pastellfarbenes Haus zu, über dessen Eingang in großer Schrift zu lesen ist: Suppenmuseum.

»Und das ist wirklich das einzige Museum seiner Art?«, fragt eine Besucherin die Frau an der Kasse. Die nickt und fügt stolz hinzu: »Genauso ist es! 2013 sind wir aus dem viel zu eng gewordenen Kaiserhof in dieses schöne große Haus umgezogen. Früher war das unser Rathaus. Und jetzt können wir hier in sieben Ausstellungsräumen an die dreitausend Exponate zeigen, die allesamt etwas mit der begehrten Löffelspeise zu tun haben.«

Vieles haben die Suppenländer selbst beigesteuert, nachdem 1992 die Idee entstanden war, ein solches Museum einzurichten. Terrinen, Teller, Löffel, Tassen, zig Töpfe und Pfannen dokumentieren die Geschichte der einfachen Kochkunst in den erz-

gebirgischen Dörfern. Es gibt sogar drei komplette Küchen, die im Stil unterschiedlicher Zeiten eingerichtet sind. »Die Suppe wird nicht so heiß gegessen, wie sie gekocht wird!« Das alte deutsche Sprichwort ist auf einen Wandbehang über dem Sofa in der Küchenecke gestickt. Um 1910 sah es so in den Wohnküchen im Erzgebirge aus. In der »guten Stub« traf sich die Familie nur Weihnachten und zu Ostern. Einen großen Tisch mit Stühlen findet man auch in der »Musterküche« aus den 1930er Jahren. Und in der Landküche von 1960 habe ich einen Spruch entdeckt, der, in Silber eingerahmt, über dem Kohleherd prangt und mir besonders gefällt: »Fünf sind geladen, zehn sind gekommen, gieß Wasser zur Suppe, heiß' alle willkommen!« Soll heißen, auch unangemeldete Gäste sind im Suppenland jederzeit herzlich eingeladen!

Anmelden sollte man sich freilich, wenn man bei der Suppenkoch-Olympiade oder beim Suppentopfziehen dabei sein will. Das sind Wettbewerbe der »Kirmes im Suppenland«, die jedes Jahr im Oktober stattfinden. Eine sechsköpfige Jury krönt am Ende die beste Köchin zur Suppenkönigin. Suppentopfziehmeister wird, wer viel Kraft hat und mit Unterstützung der Neudorfer Blasmusikanten und unter lautstarken Anfeuerungsrufen die meisten Töpfe auf seine Seite zieht. Immer ein Mordsspaß für alle, wie die Fotos beweisen, die der Heimatverein im Museum

präsentiert. Gleich daneben hängen jede Menge Suppenrezepte. Übrigens, die Kartoffelsuppe ist am beliebtesten und in verschiedenen Varianten die meistgekochte…

Hunger! In der »Gaststub zr Bimmelbah'« von Neudorf wird er endlich gestillt. Vierzig »fahrende« Gäste finden hier Platz. Wir haben Glück und erwischen einen freien Tisch in einem Erste-Klasse-Abteil. Aber auch die dritte Klasse ist gemütlich! Und das Essen schmeckt in dieser Zugwagen-ähnlich eingerichteten Gaststube überall gleich gut. Kein Wunder, neben Kartoffelsuppe können hier auch andere, preisgekrönte Suppen verzehrt werden. Und natürlich viele regionale Gerichte. Suppenkasper haben da wirklich keine Chance…

Bevor wir die Schauwerkstatt »Zum Weihrichkarzl« besuchen, machen wir einen Verdauungsspaziergang und genießen die frische Luft und die waldreiche Umgebung von Neudorf. Freilich nicht, ohne gedanklich in die Geschichte des Suppenlandes einzutauchen. 1530 ging es los, als hier eine Waldsiedlung angelegt wurde. Viel später schrieb der Buchhändler und Verleger August Schumann (übrigens der Vater des Komponisten Robert Schumann) im »Staats-, Post- und Zeitungslexikon von Sachsen« über den Ort: »Flöß- und Heuerherren haben damals, als hier das Bergwerk in vollem Schwunge war, zuerst ein Haus für Köhler, Flößer und Holzhauer zum Aufenthalte erbaut und somit den Ort gegründet… bis solcher zu einem großen Dorfe von 134 Häusern und 950 Einwohnern erwachsen ist… Die Einwohner nähren sich von dem nicht ausreichenden Feldbaue, von der einträglichern Viehzucht, dem Klöppeln und von andern Handarbeiten, besonders vom Holzfällen und Verfahren.«

Wie viele Häuser Neudorf heute hat, haben wir nicht gezählt. Aber schmuck sind sie alle! Eine Art »Aushängeschild« für den Ort ist der Dreiseitenhof, in dem auch die Räucherkerzen-Schauwerkstatt zu finden ist. 1865 war das Gebäudeensemble als Forstamt mit Scheune und Stallungen errichtet worden. Jürgen Huss, sein heutiger Besitzer, hat es nach historischem Vorbild sanieren und umbauen lassen. Dafür wurde er 2007 mit dem Preis für »Innovation und Ortsentwicklung« ausgezeichnet.

In die frische Gebirgsluft mischt sich ein Hauch von Weihrauch, Lavendel, Sandelholz und Zimt. Wir sind in der Werkstatt, in der geschickte Hände die Weihrichkarzl formen. So werden die Räucherkerzen im oberen Erzgebirge genannt. Aus natürlichen Rohstoffen werden sie nach alten Familienrezepturen hergestellt, wie uns der Chef erklärt. Wer an den Schachteln die Duftsorte »erschnuppern« möchte, wird enttäuscht sein, denn die entfaltet sich erst beim Abbrennen der kleinen Holzkohlekegel. Das wird möglich durch den Zusatz von Trockenstoffen wie Harzen, Hölzern oder speziellen Gewürzen und garantiert ein langes Duften!

Aus den »Karzl«-Zutaten wird hier kein Geheimnis gemacht, wie auch, schließlich haben Besucher der Schauwerkstatt Gelegenheit, selbst ihre ganz »persönlichen« Räucherkerzen zu formen: Also kneten sie einen feuchten Teig, der aus Weihrauchbaum-Harz, Holzkohle, Kartoffelmehl, Sandelholz und Rotbuchenmehl besteht. Der wird anschließend in Formen gegeben und getrocknet. Fertig!

Sicher, ein bisschen Fingerspitzengefühl ist gefragt. Wenn die erste Kerze nicht gleich so schön und schlank gelingt, braucht man eben ein wenig Geduld. Die haben Jürgen Huss und seine Mitstreiter. Deshalb bieten sie den »Anfängern« auch einen Grundkurs an. Bis zu dreißig Schüler binden sich dann eine Schürze um, passen gut auf in der »Theorie«, und dann heißt es üben, üben und nochmals üben. Was herauskommt, sind wunderbare kleine Räucherkerzenunikate Marke »Eigenbau«.

Also, mir hat die Friemelei Spaß gemacht. Ich habe mich für den typischen Weihnachtsduft Weihrauch entschieden und erfahren, dass es auch Sommerblumendüfte gibt. Und sogar solche, die im Kampf gegen Mücken und andere Störenfriede erprobt sind. Jedenfalls werden meine selbstgeformten Weihraucherinnerungen an den Besuch in der »Karzl«-Schaumanufaktur von Neudorf nicht verduften, bevor wieder die Weihnachtskugeln an die Tanne kommen!

Komisch, irgendwie ist mir plötzlich mitten im Jahr so weihnachtlich zumute. Wahrscheinlich machen das der viele Weihrauch und die evangelische Dorfkirche aus dem Jahr 1599. Mit ihrem hübschen Dachreiter und dem reichlich verzierten Portal gehört sie zu den Sehenswürdigkeiten im Ort. Dort wartet bereits unsere Assistentin, die uns aus dem Suppenland im Oberen

Erzgebirge wieder sicher nach Hause bringen wird. Dieses Mal ohne umzusteigen!

Zum Abschied winken wir den Fahrgästen in der Fichtelbergbahn, die den Abendzug nehmen, 'nauf nach O-Thal...

Mein Tipp:
Wenn Sie jetzt neugierig geworden sind auf erzgebirgische Räucherkerzen, dann sei noch gesagt, dass es die nicht nur in Neudorf, sondern auch im benachbarten Cranzahl gibt. Dort lädt auch das 1. Räuchermann-Museum zum Besuch ein. An die zweitausend dieser Gesellen erzählen die Geschichte der Räuchermänner. Räucherkerzen werden seit etwa 1930 hier in der Region hergestellt, natürlich auch mit dem entsprechenden »Zubehör«, als da kleine »Mannln« oder »Häusln« wären, in denen die Karzln abbrennen können.

Wanderfreunde und solche, die es werden wollen oder ganz einfach nur spazieren gehen möchten, finden rund um Neudorf ausreichend Gelegenheit. Für Wander-, Rad- und Skitouren ins Erzgebirgskammgebiet und zum Fichtelberg (1215 Meter) oder zu den umliegenden Tafelbergen Bärenstein (898 Meter), Scheibenberg (807 Meter) und Pöhlberg (832 Meter) ist Neudorf ein idealer Ausgangspunkt. Nicht zu vergessen die Trinkwassertalsperre Cranzahl, die nicht nur für die Wasserversorgung eine große Bedeutung hat, sondern wegen ihrer idyllischen Lage auch bei Wanderern und Spaziergängern äußerst beliebt ist.

Neudorfer Suppenmuseum
Karlsbader Straße 164, 09465
Sehmatal-Neudorf, Mo–Sa
10.30–15.30 Uhr, So 11–15 Uhr
»Zum Weihrichkarzl«
Ladengeschäft & Schauwerkstatt, Karlsbader Straße 189,
09465 Sehmatal-Neudorf, Besichtigungen und Führungen
unter Tel. 037342 14 93 90

Räuchermann-Museum Cranzahl
Dorfstraße 44, 09465 Sehmatal-Cranzahl, Mo–Sa 10–17 Uhr,
So 13.30–17 Uhr
Gästeinformation Sehmatal
Karlsbader Straße 164,
09465 Sehmatal-Neudorf,
Mo–Sa 10.30–15.30 Uhr,
So 11–15 Uhr

Pirna

In Pirna sagt man »nu« und meint »ja«. Oder »färdsch«, soll heißen »fertig«. Oder »jedsd gehsch«, was bedeutet »Jetzt gehe ich.« Wer denkt, das sei doch ganz »normal«, schließlich sind wir in Sachsen, der liegt nicht ganz richtig: In Pirna wird eine spezifische Form des sächsischen Dialekts gesprochen, nämlich südostmeißnisch, das ist einer der fünf meißnischen Dialekte.

So, färdsch, jedsd gehsch über den Marktplatz und lade die »Mittagskurier«-Zuschauer ein zu einer Klingelpartie in bekannten Bürgerhäusern der historischen Innenstadt von Pirna.

Der erste, bei dem wir klopfen, weil wir die Klingel nicht gefunden haben, ist mein lieber Kollege Tom Pauls, der Hausherr im Peter-Ulrich-Haus. Das ehemalige Wohnhaus aus dem frühen 16. Jahrhundert steht unter Denkmalschutz im Zentrum von Pirna, Am Markt 3. Und das ist seit 2011 auch die Adresse des Tom-Pauls-Theaters. Der Prinzipal hat für uns im Café »Ilse« ein »Scheelchen Heeßen« gebrüht und serviert dazu die bekannte Eierschecke. Ein Genuss! (Den berühmten Eierlikör rückt Tom alias Ilse Bähnert wahrscheinlich erst am Nachmittag raus, und das ist auch gut so!)

Die »Bähnerten« ist Tom Pauls Paraderolle geworden. Eine alte Frau, ein sächsisches Urgestein, erfunden nach einer Figur von Lene Voigt. Mit ihr bringt mein Kollege die Besucher im Saal seines kleinen Theaters und anderswo im Lande und die Fernsehzuschauer jedes Mal wieder zum Weinen: Freudentränen fließen da in Strömen, kombiniert mit heftigem Lachmuskelkater!

Die Ilse ist eine gewitzte und eine kluge Frau, die etwas bewegen will. Deshalb gründete Pauls 2007 eine Stiftung, die ihren Namen trägt. Sie hat im Peter-Ulrich-Haus ihren Sitz, und er wurde ihr Vorstandsvorsitzender. Seitdem haben Tom und Ilse (und natürlich alle anderen Stiftungsmitglieder auch) ein gemeinsames Ziel: Die Erhaltung und Pflege der sächsischen Kultur und Sprache! Außerdem rufen sie jedes Jahr dazu auf, das sächsische Wort des Jahres zu wählen, das dann im Dresdner Schauspielhaus gekürt wird. Und was soll ich sagen: Das pirnsche »nu« wurde beliebtestes sächsisches Wort des Jahres 2008! Ein Jahr später siegte »färdsch« in der Kategorie schönstes sächsisches Wort.

Tom erzählt mir, dass die Stiftung auch die Arbeit kultureller Einrichtungen und den Erhalt von Kunst- und Kulturgütern unterstützt. Schon ein Jahr nach der Gründung gab es eine viel beachtete Aktion: Auf dem Lilienstein in der benachbarten Sächsischen Schweiz wurde der Obelisk rekonstruiert und wieder aufgestellt, der an die Besteigung des Berges durch Kurfürst August den Starken erinnert.

Größte Herausforderung wurde jedoch die Sanierung des Peter-Ulrich-Hauses. Die Pirnaer Wohnungsgesellschaft WGP hatte sich neun Jahre um die Sicherung des Hauses gekümmert,

bis 2008 zwei Konzepte für eine zukünftige Nutzung eingereicht wurden. Die Stadt gab Tom Pauls den Zuschlag und damit war der Weg frei, im Peter-Ulrich-Haus ein Theater zu eröffnen. »Wenn ich daran denke«, Tom dreht seine grauen Locken über den rechten Zeigefinger, seine großen Augen leuchten und um den Mund huscht ein spitzbübisches Grinsen, »ich war fassungslos und überglücklich zugleich!«

Dem großen Glück folgten klare Fakten und nüchterne Rechenaufgaben: Pauls »Ilse-Bähnert-Stiftung« kaufte im August 2009 das Haus und am 1. Dezember rückten die Handwerker an. 3,3 Millionen Euro Gesamtkosten standen zu Buche, von denen 2,4 Millionen aus Städtebaufördermitteln flossen. Am 11. November 2011 ging dann das erste Mal der »Lappen hoch«! So sagen wir Schauspieler, wenn sich der Vorhang zur Vorstellung hebt bzw. öffnet.

Zwei Jahre später standen die an der Sanierung beteiligten Handwerker im Scheinwerferlicht: Sie wurden mit dem Bundespreis für Handwerk in der Denkmalpflege ausgezeichnet, den die Deutsche Stiftung Denkmalschutz und der Zentralverband des Deutschen Handwerks verleihen. Gelobt wurde dabei die detailgetreue Restaurierung des Hauses. So scheuten Bauherr und Malermeister zum Beispiel weder Mühe noch Kosten, die Pigmente, Bindemittel und verschiedenen Beizen nach historischem Vorbild herzustellen. Das Ganze wurde dann mit Tierhaarbürsten nach einem Farbkonzept unter Aufsicht der Landeskonservatorin aufgetragen.

Dieses und andere Details vom Bau erzählt mir Tom Pauls auf dem Weg in den Theatersaal im ersten Stock. Er ist ziemlich gut informiert über den Erbauer und Namensgeber des Hauses, Peter Ulrich, und über dessen Zeit. Aus Heilbronn stammte der und war seit 1478 herzoglicher Werkmeister in Festanstellung auf Lebenszeit beim sächsischen Kurfürsten Ernst und bei Herzog Albrecht. In Dresden übernahm Ulrich verschiedene Bauaufgaben und erwarb 1493 das dortige Bürgerrecht. 1502 wurde er Kirchenbaumeister in Pirna und hatte den Neubau der Marienkirche zu verantworten. Zwei Jahre später leitete er außerdem den Bau der St.-Wenzels-Kirche in Lommatzsch. Die Belastungen, die diese beiden Aufgaben mit sich brachten, waren enorm für Ulrich. Sie beeinträchtigten auch die Fertigstellung seines eigenen Wohnhauses in Pirna, das er am 12. Juni 1503 für einhundert meißnische Gulden erworben hatte, ein baufälliges Haus am Markt, in einer Zeile von Kaufmannshäusern.

Nach Peter Ulrichs Tod wurde das Haus durch die neuen Besitzer immer wieder umgebaut und beim Stadtbrand im Juli 1547 erheblich beschädigt, so dass nur die Räume im ersten Obergeschoss erhalten blieben. Rund zweihundert Jahre später zog im Parterre die »Königlich Churfürstlich Sächsische Landesacciseinnahme« ein. Eine Art Finanzamt, würden wir heute sagen, das die Umsatzsteuer einzutreiben hatte. Damals hieß das »Generalkonsumptionsakzise« und war bestimmt bei den Bürgern genauso »beliebt« wie heute! Außerdem befanden sich im Erdgeschoss ein Pferdestall und eine Rauchküche, aus der sich im 19. Jahrhundert die »Restauration zur Garküche« entwickelte. Im Laufe der Zeit arbeiteten im Peter-Ulrich-Haus Kaufleute, Schuhmacher und Strumpfwirker. Und heute spielt hier Tom Pauls Theater …

Wir haben die Tür zum großen Saal geöffnet: Früher war es ein herrschaftlicher Saal, in dem die Besitzer dinierten, feierten, Gäste empfingen. Er könnte schon zur Erbauungszeit des Hauses entstanden sein. Sicher ist, dass ein späterer Eigentümer, der Kaufmann Oswald Schein, Mitte des 16. Jahrhunderts einen ungewöhnlich großen Saal im Obergeschoss errichten ließ. Heute ist er ein Juwel für alle, die Theater lieben! An den rekonstruierten Holzbalken der Decke sind moderne Scheinwerfer installiert. 180 Stühle warten, in Reihen aufgestellt, auf die Besucher. Meistens sind die Vorstellungen lange im Voraus ausverkauft.

Schön, dass die Besucher über alle Etagen hinweg nachvollziehen können, wie das Haus von Baumeister Peter Ulrich in jüngster Zeit saniert, rekonstruiert und umgebaut und was alles entdeckt und wieder ans Tageslicht befördert wurde. Darüber berichtet eine Ausstellung, die ständig ergänzt wird: Ein Haus erzählt seine Geschichte.

Wir plaudern noch ein halbes Stündchen im Café »Ilse« im Erdgeschoss. Und schwelgen natürlich in Erinnerungen! Tom Pauls und ich kennen uns schon lange. Nicht erst seit 2004, als er für zwei Jahre »mein« Hausmeister Ottmar Wolf in der Sachsenklinik bei »In aller Freundschaft« war. Mit großem Vergnügen haben wir beide zur Jahrtausendwende an der Synchronisation der Zeichentrickserie »Der Wunschpunsch« mitgewirkt. Eine Serie, die nach dem gleichnamigen Kinderbuch von Michael Ende entstand, und die bis heute immer wieder im Kinderkanal zu sehen ist.

Tom schaut auf die Uhr. Wir leeren den Schokobecher, fallen uns um den Hals und sagen »Tschüss, bis zum nächsten Mal!« Der neue Hausherr nimmt zwei Stufen mit einem Mal. Oben im Saal warten die Kollegen auf ihn. Probe für's neue Stück…

Und wir eilen zur nächsten Klingelpartie in Pirna. Canaletto ruft! Verewigt hat sich der italienische Maler hier mit seinem berühmten Gemälde »Der Marktplatz zu Pirna«, das Mitte des 18. Jahrhunderts entstand. Darauf zu sehen ist ein Bürgerhaus aus der ersten Hälfte des 16. Jahrhunderts. Um 1520 erhielt es seine heutige Form, deutlich erkennbar an den Spuren vom Übergang der Gotik zur Renaissance. Die Giebelfassade mit den halbsteinstark vorspringenden, gemauerten Rippen ist weithin bekannt.

Wir brauchen gar nicht zu klingeln, denn der Tourist-Service von Pirna hat hier sein Domizil gefunden und selbstverständlich geöffnet. Die freundliche Mitarbeiterin weiß zu berichten, dass Bernardo Bellotto, so Canalettos richtiger Name, insgesamt elf große Ansichten von Pirna gemalt hat: »Das war ein Auftragswerk des sächsischen Kurfürsten Friedrich August II., der den Italiener zum Hofmaler ernannt hatte. Pirna blieb übrigens die

einzige Kleinstadt, die er gemalt hat. Mehr erfahren Sie in unserer kleinen Ausstellung über den berühmten Vedutenmaler.« Die schauen wir uns an und treffen auf verschiedene Reproduktionen von Canaletto-Gemälden und auf einen Nachbau der Camera obscura, die Canaletto beim Malen als Hilfsmittel diente.

Eine Stunde später läuten wir in der Oberen Burgstraße an einem Haus mit ockerfarbener Fassade und einem reich verzierten Erker, der über drei Etagen reicht. Getragen wird dieser von drei Teufeln. Die haben ihm auch seinen Namen verpasst: Teufelserkerhaus! Weil niemand auf unser Klingeln reagiert, müssen wir das Beelzebub-Trio nach der Geschichte des Hauses fragen. Bereitwillig klären sie auf, warum es Teufelserkerhaus heißt: Die Gattin des ersten Besitzers soll mit Luzifer im Bunde gewesen sein. Nach ihrem Tod, so will es die Legende, habe der Mann den Erker anbringen lassen, der auf jenen Kirchhof ausgerichtet ist, auf dem sie begraben wurde. Und da der Ehemann vom teuflischen Tête-à-Tête seiner Angetrauten zu wissen glaubte, müssen die drei zur Strafe den Erker tragen. Sachen gibt es!

Ob der Bildhauer Lorenz Hörnigk auch davon wusste, ist nicht überliefert. Fest steht, dass ihm mit dem Erker im Jahre 1624 ein Meisterwerk gelang. Aber selbst die Teufel konnten nicht verhindern, dass »ihr« Haus in den 1980er Jahren in einen desolaten baulichen Zustand geriet. Doch mit der Bürgerbewegung »Rettet Pirna« wurde ihnen ganz irdische Hilfe zuteil und der Abriss verhindert.

Am Kirchplatz 10 wollen wir unsere Klingelpartie von Pirna beenden, hier in der »Mägdleinschule«. Also, eine Schulglocke, die zum Unterricht läutet, gibt es schon lange nicht mehr. Aber ein Klingelschild mit der Aufschrift »Kuratorium Altstadt e. V.« Das sind jetzt die Mieter in dem rot verputzten Haus aus dem 15. Jahrhundert. Damals wurden hier aber zunächst gar keine Mägdlein unterrichtet. Das war Nebensache. Und so saßen im Jahr 1465 Knaben auf den Bänken in den Klassenzimmern. Erst die Reformation brachte auch in Pirna frischen Wind ins Schulwesen. Zwischen 1551 und 1824 waren hier dann ausschließlich fleißige Schülerinnen mit langen Zöpfen und in braven Schulkleidern anzutreffen. Ab dem 20. Jahrhundert wurde die Mägdleinschule als Mietshaus genutzt. Aber auch hier nagte der Zahn der Zeit. Der

Eingang des Renaissancebaus im Kantorgässchen musste schließlich gesperrt werden, bevor 1997 das Kuratorium Altstadt die ehemalige Schule kaufte, sanierte und als Vereinshaus eröffnete.

»Färdsch«, lacht unser Kameramann, der noch Gefallen gefunden hatte an der Biedermeier-Eingangstür auf der Kirchplatzseite. »Eigentlich schade, dass keine Mägdlein mehr da sind«, meint er.

Mein Tipp:

Auf Ihrer »Klingelpartie« in Pirna dürfen Sie auf keinen Fall das Rathaus auf dem Marktplatz vergessen. Glauben Sie mir, es lohnt sich! 1396 erstmals urkundlich erwähnt, diente es früher auch als Verkaufsstätte der Tuchmacher, Schuster, Bäcker und Fleischer. 1555/56 wurde es unter Wolf Blechschmidt umgebaut. In dem Gebäude vereinigen sich verschiedene Baustile, unter anderem Spätgotik, Renaissance und Barock. Und werfen Sie einen Blick auf die zwei Stadtwappen über dem Eingang bzw. unter dem zweiten Obergeschoss. Beide sind aus Sandstein gearbeitet. Ein Baumaterial, auf das die Pirnaer besonders stolz sind, wird es doch hier in der Nähe abgebaut und in alle Welt verschickt.

Wenn Sie Lust haben auf einen amüsanten Ausflug in die jüngere Geschichte, dann schauen Sie im DDR-Museum vorbei. Vom Trabbi, über einen komplett eingerichteten Konsum bis zum Herzschrittmacher aus den 1960er Jahren ist hier alles »Made in GDR« zu bestaunen.

Tom-Pauls-Theater im Peter-Ulrich-Haus
> Am Markt 3, 01796 Pirna, Tickets und Informationen zum Spielplan www.tom-pauls-theater-pirna.de, Theaterlädchen Di, Do, Fr 15–18 Uhr, Mi/Sa 10–13 Uhr, »Ilses Kaffeestube« im Tom-Pauls-Theater, Apr.–Dez.: täglich 11–18 Uhr, Jan.–März: Di–So 11–18 Uhr, an Veranstaltungstagen bis eine Stunde nach Ende der Vorstellung

DDR-Museum
> Rottwerndorfer Straße 45, 01796 Pirna, Apr.–Okt.: Di–So 10–17 Uhr, Nov.–März: Di–Do/Sa/So 10–17 Uhr

TouristService Pirna
> Am Markt 7, 01796 Pirna, Ostersamstag– Okt.: Mo–Fr 10–18 Uhr, Sa/So 10–14 Uhr, Nov.– Karfreitag: Mo–Fr 10–16 Uhr, Sa/So 10–13 Uhr

Rabenau

Es gibt große und kleine, altmodische und moderne, bequeme, reich verzierte, welche zum Lümmeln und solche, auf denen man am liebsten niemals sitzen möchte: Stühle! Der vor dem Rathaus von Rabenau bei Freital steht, stellt freilich alles in den Schatten: Wer hier Platz nimmt, bekommt ein Fußbad gratis dazu!

»Dieter, könntest Du von links kommen, am Brunnen stehen bleiben, die Hosen bis zum Knie hochkrempeln, ein Stück auf dem Brunnenrand entlanggehen, Dich dann auf den Stuhl in der Mitte setzen und die Beine ins Wasser halten?«

Dieter kann! Mit Freude gehe ich auf den Vorschlag des Kameramannes ein. Eigentlich eine hübsche Idee, den Stuhlbrunnen vom Marktplatz in Rabenau so ins rechte Licht zu setzen. Nur eben an einem 14 Grad frischen, leicht regnerischen Maitag wie heute kein reines Vergnügen … Aber wir sind ja auch nicht zum Spaß hier!

Vielmehr wollen wir die sächsische Stuhlbaustadt vorstellen, und da gehört der Brunnen unbedingt dazu. Er ist auch wirklich schön! Der Freitaler Bildhauer Peter Fritzsche hat ihn entworfen und das Ganze dann zusammen mit der Kunstgießerei Gebrüder Ihle umgesetzt. Auf dem Sandsteinsims, der den Brunnen umrandet, sitzen kleine Bronzen, die das einfache Leben der Stuhlbauer symbolisieren. Die wichtigsten Schmuckelemente aber sind drei Stühle, die gemeinsam eine Stuhlbauerfamilie bilden sollen: Ein einfacher, robust gebauter mit hoher Lehne ist die Mutter. Der kleinste, in Form einer Fußbank, ist das Kind. Und in der Mitte thront in leicht barocker Form mit runder Lehne und geschwungenen Beinen: der Stuhlvater.

Auf dem sitze ich und bekomme langsam kalte Füße! Es kommt noch schlimmer. Als die Fontänen zu sprudeln beginnen, ist die Hose nass! Im Bild sieht das natürlich fantastisch aus (die nassen Beinkleider sind ja nicht zu erkennen) und deshalb halte ich durch: Der oft und gern zitierte Satz, dass es eben alles eine Frage der Berufswahl ist, bewahrheitet sich hier auf sehr anschauliche Weise...

Da ist es wohltuend, wenn Autorin und Tontechnikerin wieder einmal bestens vorbereitet sind und für alle »Zwischenfälle« vorgesorgt haben: Das Frotteehandtuch liegt bereit, und die nasse Hose tausche ich im wenige Meter entfernten Rathaus gegen eine trockene. An diesem Tag summe ich in den Drehpausen immer wieder »Wenn alle Brünnlein fließen«...

So auch, als wir im Deutschen Stuhlbaumuseum ankommen und Dr. Johann Spensberger, der Chef des Hauses, lachend mit einstimmt: »Ich habe schon gehört, Professor Simoni ist auf dem Marktplatz baden gegangen. Tja, in einer Kleinstadt macht die Kunde von solchen ›Ereignissen‹ schnell die Runde! Schön, dass Sie jetzt, wieder trockenen Fußes, bei uns sind.«

Und dann erzählt er, dass seit 1886 in Rabenau Stühle gesammelt und seit 1922 in einem Museum ausgestellt werden. Inzwischen sind ungefähr 750 Exponate zusammengekommen. Sie künden von der Geschichte Rabenaus als der ältesten deutschen Stuhlbauerstadt und von der Entwicklung dieses Handwerks.

Das nahm hier um 1600 seinen Anfang. Damals bestand Rabenau aus wenigen strohgedeckten Lehmhütten, einem Kirchlein und einer zur Ruine verfallenen Burg. Ringsherum war nichts als Wald. Die Einwohner machten das Beste daraus und nutzten den reichlich vorhandenen Rohstoff Holz als Grundlage für ihren Broterwerb. Sie bauten Schemel, Hocker, Truhen und bald auch Stühle. Von der rasanten Entwicklung des Handwerks schrieb 1720 der Hofgeograf Adam Friedrich Zürner: »Rabenau, hier ist merkwürdig, daß fast alle Einwohner Stuhlmacher sind, die hölzerne Lehnen zu Stühlen machen … schon über 100 Jahre, darunter 100 Dutzend jährlich nach Dreßden, Freyberg, Magdeburg, Berlin und Hamburg geschickt werden …«

Später, zu Beginn des 19. Jahrhunderts, wurde immer wieder das Geschick der Stuhlbauer von Rabenau gerühmt, die nun auch geschnitzte und geflochtene Stuhlgestelle aller Art nach den neuesten Modellen anfertigten. So nachzulesen in der Ausstellung des Museums.

1844 gründete man eine Art »Berufsgenossenschaft«, nämlich den »Stuhlgestellarbeiterverein«, dessen Mitglieder aus ganz Sachsen kamen. 1870 produzierten schon knapp siebzig Stuhlbauereien, drei Bildhauerwerkstätten und zwei Drechslerwerkstätten im Ort. Wobei es gewaltige Preisunterschiede gab: Zwölf Stühle waren schon für sieben Taler zu haben. Das konnten aber nur ganz einfache sein! In der gehobenen Ausführung kostete das Dutzend gleich mal 120 Taler! Es war offensichtlich schon damals etwas teurer, einen guten Geschmack zu haben …

Johann Spensberger hat sie alle in seinem Museum, vom einfachen Gebrauchsstuhl bis zum anspruchsvollen Prunkmöbel! Ganz zu schweigen von den Besonderheiten des Rabenauer Stuhlbaus. Eine solche ist beispielsweise der Friseurstuhl. »Und wissen Sie, wie der genannt wurde?«, will Spensberger wissen. Die Antwort kommt prompt: »Scherbock!«

Wir begeben uns auf einen Rundgang und der Museumsleiter bittet mich, Platz zu nehmen... zum Beispiel auf einem Thonet-Stuhl, angefertigt aus gebogenen Buchenholzstäben. Vorbild hierfür war die Fabrikation von Michael Thonet. Und da dieser in Wien ansässig war, ahnt jeder, wie die aussehen: wie Wiener-Kaffeehaus-Stühle! Als solche sind die Thonet-Stühle bekannt geworden in der ganzen Welt.

Die so genannten »Rabenauer Thonet-Stühle« wurden in einer Fabrikanlage auf dem Terrain der Burgruine hergestellt, in der »Großen Bude«, wie die Beschäftigten sagten. Der Stuhlhändler Ferdinand Reuter ließ das Werk errichten, in dem 1870 auch der erste Dampfkessel zum Einsatz kam. Damit war für Rabenau der Weg frei, sich zu einer industriellen Kleinstadt zu entwickeln. Trotzdem baute ein Fünftel der tausend Mann bzw. Frau starken Belegschaft die Stühle nach wie vor in Heimarbeit. 1881 wurde für Reuter zu einem Rekordjahr: Rund 130 000 Möbelstücke verließen die Fabrik. 1918 gab es dann in Rabenau bereits achtzehn Fabriken!

Die Vielfalt an Sitzmöglichkeiten, die es hier im Museum gibt, ist wirklich unglaublich. Ein besonders wertvolles Stück ist ein Barockstuhl aus der Zeit um 1720/30. Ein richtiges Meisterwerk ist da entstanden, bei dem die verschiedenen Gewerke ihr Bestes gaben. Der Museumsdirektor erklärt, dass beim Bau

eines Stuhles Holzbildhauer, Flechter, Polierer, Drechsler und Polsterer eng zusammenarbeiten: »Mit dem Aufkommen des Barockstils begann die Blütezeit der Holzbildhauer und Flechter. Ein guter Stuhl- und Möbelbauer hatte am Hof das gleiche Ansehen wie ein Kunstmaler. Seit dem 18. Jahrhundert findet man den Beruf des Holzbildhauers in Rabenau.« Bis dahin wurde das Flechten und die Behandlung der Oberflächen meistens in der eigener Werkstatt verrichtet, und nicht selten musste dabei die ganze Familie mithelfen.

Eine neue Mode kam im Stuhlbau in der ersten Hälfte des 18. Jahrhunderts auf: Das Flechten von Rohr! Eine Arbeit, für die offensichtlich Frauen ein besonders glückliches, sprich geschicktes Händchen haben, auch heute noch. Bekannte Flechtmuster sind Sonne und Halbsonne, das Achteck oder auch »Wiener Geflecht« und das »Sternchen«, ein Sechzehneck.

Wir kommen in einen Maschinenraum, der erst vor einigen Jahren in das Deutsche Stuhlbaumuseum »einzog« und vorher in der Bahnhofstraße 6 in Rabenau zu finden war. Ein Haus, in dem nachweislich schon im Jahr 1800 Stühle gebaut wurden. Dort arbeitete Meister Kurt Aehlig viele Jahre lang, bevor er in seinen wohlverdienten Ruhestand ging. Stolze 101 Jahre alt wurde der Stuhlbauer, der Ehrenbürger von Rabenau war. An seine Verdienste erinnert sein Arbeitsplatz, der nun im Museum original wieder aufgebaut wurde. Besonders interessant ist an diesem Maschinenraum, dass hier der technische Stand des frühen 20. Jahrhundert erhalten blieb: Die Maschinen, die Riementriebe, ja selbst der zentrale Antriebsmotor stammen aus der Zeit, als Kurt Aehlig noch Stühle baute. Viele seiner Kollegen hatten sich schrittweise dem jeweiligen technischen Stand angepasst, Meister Aehlig nicht! Zum Glück fürs Museum und für die Nachwelt, die sonst um eine Rarität ärmer wären.

Wir haben auch Glück und finden im Museumscafé noch zwei freie Stühle! Hier wollen wir über die Gegenwart und Zukunft des traditionsreichen Handwerks in der sächsischen Stuhlbaustadt ins Gespräch kommen. »Stühle aus Rabenau sind immer noch gefragt, und die Mitarbeiter in den Stuhlbau- und Holzbildhauerwerkstätten lassen sich auch heute gern bei der Arbeit über die Schulter schauen«, weiß der Museumsleiter zu berichten. Zum Stuhlbauertag im September eines jeden Jahres dürften die Plätze dort ganz schön knapp werden, denn der Besucherandrang ist immer groß. Aber ein Stehplätzchen wird schon drin sein ...

Als wir am späten Nachmittag noch einmal über den Rabenauer Marktplatz gehen, hat die bronzene Stuhlbauerfamilie am Brunnen wieder Besuch, eine Gruppe von Schulkindern. Die Sonne hatte sich durch die Wolken gekämpft und alle Anstrengungen unternommen, das Thermometer wenigstens auf knapp 20 Grad klettern zu lassen. Für die Zehnjährigen warm genug, die Hosenbeine hochzukrempeln. »Wenn alle Brünnlein fließen ...«

Mein Tipp:
Wenn Sie das Deutsche Stuhlbaumuseum in Rabenau besuchen, dann vergessen Sie bitte nicht, auch die Ausstellungen anzuschauen, die über die Stadtgeschichte und über den Rabenauer Grund informieren. Und damit wäre ich bei einem besonderen Hinweis für Naturfreunde: Ob im Frühjahr, Sommer, Herbst oder Winter, der Rabenauer Grund lädt zu jeder Jahreszeit zu einer romantischen Wanderung entlang der Roten Weißeritz ein. Da gibt es sagenhafte Plätze zu entdecken! Vielleicht folgen Sie einmal dem Energie-Erlebnispfad. Oder Sie genießen einfach nur die Natur im Landschaftsschutzgebiet, wie es in der Vergangenheit schon viele bekannte Künstler und Gelehrte taten.

Mögen Sie's aber lieber bequemer und fahren gern mit dem »Bähnle«, dann gibt es nur eins: Eine Tour mit der Weißeritztalbahn, einer der ältesten Schmalspurbahnen Deutschlands!

Deutsches Stuhlbaumuseum
  Lindenstraße 2, 01734 Rabenau,
  Di–Do 10–16 Uhr, Fr 10–14 Uhr,
  So 13–17 Uhr

Fremdenverkehrsamt
  Markt 3, 01734 Rabenau,
  Mo, Di, Do 9–12 / 12.30–15 Uhr,
  Fr 9–12 Uhr

Schellerhau

Es ist meine zweite »Mittagskurier«-Reise nach Schellerhau, ein kleines Dorf, das zur Stadt Altenberg gehört und das uns heute im Sonnenschein und bei sommerlichen Temperaturen empfängt.

Als wir vor einigen Jahren mit dem Drehteam schon einmal hier zu Gast sein durften, war alles tief verschneit. Das Wintersportparadies im Erzgebirge machte seinem Namen alle Ehre. Die Langläufer waren auf den gespurten Loipen zwischen Schellerhau, Altenberg, Rehefeld und Oberbärenburg unterwegs. Und die Abfahrtsläufer und Snowboarder wurden nicht müde, mit dem Lift am Rotterhang hinaufzufahren, um sich dann mit größtem Vergnügen talwärts zu stürzen. Die ganz Harten trieben das bis in die Nacht hinein, denn so lange sind Hang und Lift in der Wintersaison beleuchtet.

Wir waren indes auf Kuschelkurs mit Semmelmilda! Soll heißen, wir saßen, warm eingepackt, im Pferdeschlitten, fuhren erst durch den Ort und dann hinaus in den Wald. Die gemeine Fichte, die hier vorherrscht, trug schwer an der Schneelast und sah dennoch stolz und wunderschön aus. Ein Wintermärchen!

Semmelmilda ist eine regionale Größe, ein erzgebirgisches Original, erfuhr ich von der Frau, die im Schlitten neben mir saß und mit bürgerlichem Namen Sabine Nowraty heißt. Sie erzählte mir die Legende, wie ihr Dörfchen entstanden sein soll: »Eines Tages hatte der Teufel wieder einmal Streit mit seiner Großmutter. Wutentbrannt verließ er die Hölle, einen Sack über die Schulter geworfen, in den er eine Anzahl Häuschen gepackt hatte. Er wollte sich irgendwo auf der Erde selbständig machen. Allerdings hatte er nicht bemerkt, dass auch ein Stück glühende Kohle vom Höllenfeuer mit in den Sack geraten war. Als er nun gerade über die Schellerhauer Höhen flog, brannte die Kohle ein Loch in den Sack und der Teufel verlor ein Haus nach dem anderen. Die Häuser fielen in großem Abstand voneinander auf die Höhe. Als der Teufel merkte, dass er fast alle Häuser verloren hatte, warf er den Rest hin und rief: ›Zum Schinder!‹ Seitdem muss im letzten Haus von Schellerhau der Schinder wohnen.«

Dieser hübschen Geschichte ließ Sabine Nowraty Fakten folgen. Die erste nachweisbare Besiedlung geht auf das Jahr 1543 zurück. Auf der Suche nach weiterem Erz ließ Magnus von Bärenstein an der Silberstraße von Altenberg nach Freiberg durch Hans Schelle eine Siedlung gründen, um die Altenberger Gruben mit Holz und Kohle zu versorgen. Daraus entwickelte sich allmählich ein selbständiges Waldhufendorf mit großen Flurstücken zur Selbstversorgung der Bergleute mit Nahrungsmitteln: Schellerhau.

Auf unserer Schlittenfahrt musste ich versprechen, noch einmal wiederzukommen, wenn es warm ist und Blumen und Kräuter in den Wiesen rund um Schellerhau wachsen, denn dann geht Semmelmilda ihrer eigentlichen Berufung nach: Die Kräuterfrau lädt ein zu Führungen, und die Gäste und Schulklassen kommen in Scharen.

Was wir versprechen, das halten wir! Semmelmilda kommt uns an diesem Sommertag lachend entgegen, mit dem Korb am Arm, der rotbunten Schürze und dem Kopftuch, das die Haare hinten hält und das vor zu viel Sonne schützt. Das Holztor am Eingang zum Botanischen Garten hat sie weit geöffnet und gibt erst einmal ein Kräuterschnäpschen aus: »Schön, dass Ihr da seid!«

In dem anderthalb Hektar großen Garten wachsen rund 1400 verschiedene Pflanzen. Es sind Arten der heimischen Flora und ausgewählte Vertreter europäischer, nordamerikanischer und asiatischer Mittel- und Hochgebirge und aus dem Kaukasus. Und weil auch Pflanzen in der Natur in Gesellschaft leben, werden sie hier in naturnah wirkenden Biotopen und »Pflanzengemeinschaften« präsentiert.

Das erklärt uns Sabine Nowraty alias Semmelmilda auf dem Weg zur Heilkräuterecke, die etwa in der Mitte des Botanischen Gartens von Schellerhau angesiedelt ist. Hier ist die rührige Seniorin, der man ihre 72 Jahre nicht ansieht, in ihrem Element. »Die Menschen haben schon sehr früh erkannt, dass bestimmte Pflanzen eine heilende Wirkung haben«, erklärt sie, »und einige charakteristische Heilkräuter aus dem Erzgebirge finden wir hier in dieser Kräuterecke. Echte Arnika zum Beispiel oder Gewöhnlichen Bärwurz, Frauenmantel, Tüpfel-Johanniskraut, Spitzwegerich und den Echten Ehrenpreis.«

Was bezeichnet man eigentlich als »Kräuterpflanze«, will ich von Semmelmilda wissen und erfahre, dass es in Europa rund 15 000 essbare Wildpflanzen gibt. Als Küchenkräuter oder kurz Kräuter werden Pflanzen bezeichnet, deren Blätter und Blüten frisch oder getrocknet als Gewürze verwendet werden.

Zwischen all den Kräutern blüht unser Kräuterweib (und das versteht Semmelmilda als großes Kompliment!) so richtig auf. Sie kommt ins Schwärmen, wenn sie von ihren Wanderungen durch Schellerhau erzählt, bei denen sie auf unterhaltsame Art und Weise ihren Gästen zeigt, was die Natur für uns Menschen bereithält.

»Die Verbundenheit zur Natur habe ich von meinem Vater geerbt. Er war Zahnarzt in Dresden und ist später mit uns nach Schellerhau gezogen. In dieser wunderbaren Landschaft, immer an der frischen Luft, habe ich meine Kindheit verbracht und so gelernt und entdeckt, was Mutter Natur zu bieten hat. Mein Vater war uns Kindern da ein guter Lehrer.«

Er hat ihr auch zum ersten Mal von Hildegard von Bingen erzählt, der Nonne und berühmtesten Kräuterfrau des Mittelalters, die ihre Berufung einmal so beschrieben hat: »Die Kräuter schenken einander den Duft ihrer Blüten; ein Stein strahlt seinen Glanz auf den anderen, und alles, was lebt, hat einen Urtrieb nach liebender Umarmung … Übervoll ist mein Herz, jedwedem Hilfe zu schenken. Ich nehme Rücksicht auf alle Not. Den Gebrechlichen helfe ich auf und führe sie zur Genesung. Salbe bin ich für jedes Weh und meine Worte tun wohl.«

Weniger fromm, aber mindestens ebenso kundig sind Semmelmilda und ihre Kräuterfrauen aus Schellerhau. Sie erkennen nicht nur sofort, um welches Kraut es sich am Wegesrande handelt, sie wissen auch, wofür bzw. wogegen es gut ist. Das klingt ja schon fast ein bisschen nach Hexerei, gebe ich zu bedenken, manches Kraut soll ja auch giftig sein? Aber Semmelmilda lacht und verweist auf Paracelsus, der gesagt habe: »Alle Dinge sind Gift und nichts ohne Gift; allein die Dosis macht, dass ein Ding kein Gift ist.«

Bevor ich Sabine Nowraty daran erinnern kann, dass sie uns einmal genauer erzählt, wer denn die Semmelmilda, in deren Rolle sie so gern schlüpft, eigentlich gewesen sei, muss sie sich für kurze Zeit verabschieden. »Das erfahrt Ihr nachher, wenn wir uns im Ort treffen!«

Ich überlasse Semmelmilda ihren neuen Gästen und gehe auf Exkursion durch den Botanischen Garten von Schellerhau. Gleich hinter der Heilkräuterecke beginnt ein herrlicher Laubwald, der jetzt um die Mittagszeit angenehmen Schatten spendet. Sonne pur dagegen gibt es auf der sich anschließenden Bärwurz-Wiese. Ein irrer Duft von Gräsern liegt in der Luft! Jetzt fehlt uns Milda! Sie könnte die blütenreichen würzigen Kräuter sofort bestimmen, die auf dieser Bergwiese wachsen. Aber es gibt ja, Gott sei Dank, eine Beschilderung! Und da lese ich, dass hier neben dem namensgebenden Bärwurz unter anderem die Perücken-Flockenblume, das Gebirgs-Täschelkraut, die Berg-Platterbse und die Ährige Teufelskralle wachsen – alles charakteristische Kräuterarten aus dem Erzgebirge.

Gegründet wurde der Botanische Garten 1906 von Gustav Adolf Poscharsky als privater Versuchsgarten. Der erfolgreiche Gärtner wirkte bis zu seiner Pensionierung drei Jahrzehnte lang als Königlich-Sächsischer Inspektor des Dresdner Botanischen Gartens. Es heißt, er sei einer der eifrigsten Floristen Sachsens gewesen, habe zahlreiche Pflanzenarten entdeckt und etwa 20 000 Herbar-Belege sowie einige Tausend Pflanzenaquarelle hinterlassen. In seinem botanischen Garten in Schellerhau wollte Poscharsky nachweisen, dass auch im höheren Erzgebirge mehr wächst als nur Kartoffeln, Hafer und etwas Korn, wie damals immer behauptet wurde. Und er sollte Recht behalten! Heute fühlt man sich hier ganz besonders dem Schutz gefährdeter und vom Aussterben bedrohter Pflanzenarten des Erzgebirges verpflichtet. Mit Erhaltungskulturen und der Betreuung geschützter Pflanzen am Naturstandort ist er in das Artenschutzprogramm des Freistaates Sachsen integriert.

Der Garten ist ein Besuchermagnet. Oft reisen die Gäste von weit an und bewundern auf einem Rundgang die Vielfalt der Pflanzen, die interessante Gestaltung des Geländes, auf dem sich Wiesen- und Waldbereiche abwechseln, und den schönen Ausblick auf die erzgebirgische Landschaft. Ganz zu schweigen von den Extras, mit denen die Mitarbeiter des Botanischen Gartens die Besucher überraschen.

Ein solches ist beispielsweise der Klangerlebnispfad. An ausgewählten Standorten im Gelände laden naturnah angepasste Klangobjekte zum Spielen und Experimentieren ein. Sie vermitteln den Zusammenhang zwischen Musik, Mathematik und Natur auf spielerische Weise. Eine verrückte Idee, die mich begeistert hat! Und unbedingt ein sinnliches Erlebnis, Tönen zu lauschen, die in der Natur entstehen. Wenn man dann noch Zeit findet für eine Pause auf einer der Parkbänke oder auf dem großen Sitzplatz »Unterm Sonnensegel«, dann beschreibt man seinen Gemütszustand am besten mit Goethes Worten: »Hier bin ich Mensch, hier darf ich's sein!«

Wir dürfen leider nicht pausieren, die Arbeit ruft uns ins Dorf zum Wandertreffpunkt »Engel und Bergmann«. Das ist gewissermaßen eine Haltestelle für alle, die gern auf Schusters Rappen unterwegs sind. Und von Mai bis September wartet dort immer mittwochs 10 Uhr Semmelmilda auf ihre Kräuter-Mit-Wanderer.

Heute ist nicht Mittwoch, aber die Milda ist da und wartet auf uns. Auf dem Arm hat sie ein ungefähr zwanzig Zentimeter großes Fräulein aus Holz, ihr Ebenbild! Bei genauerem Hinsehen stellt sich heraus, dass das Original aus Fleisch und Blut natürlich viel schöner ist. Und es hat Herz und Seele! Dennoch ist die kleine Holz-Semmelmilda ein gelungenes, lustiges Ding, das sofort anfängt zu räuchern, wenn es die entsprechende Kerze bekommt. Die Kleine passt in jeden Urlaubskoffer, um später die Heimgekehrten an Schellerhau und Umgebung zu erinnern.

Nun also die Frage aller Fragen an Sabine Nowraty: Gab's die Semmelmilda wirklich? Und auf die folgt ein lautes, deutliches »Ja«. Um 1870 wurde »de Semmelmilda« in Schönfeld im Osterzgebirge geboren. In den 1930er Jahren hat sie als Backstubenhilfe und als Brotfrau in der Bäckerei Edelmann im Kurort Bärenfels gearbeitet. Tag für Tag ist sie von Dorf zu Dorf gegangen und hat Brot und Brötchen ausgetragen. Bei den Bauern und Häuslern war Semmelmilda sehr beliebt. Wohl auch, weil sie »nebenbei« mit dem Backwerk immer die aktuellsten Nachrichten aus der Umgebung ablieferte.

»Mit anderen Worten, sie war auch eine kleine Klatschtante«, lacht Sabine Nowraty. »Das mache ich mir heute manchmal zu Nutze und kann als Semmelmilda bei Veranstaltungen oder Begegnungen mit Witz und Ironie die eine oder andere Schwachstelle aus dem Alltag an den Mann bzw. die Frau bringen.« Hat's denn schon was gebracht, das eine oder andere Mal? Mit einem kräftigen Kopfnicken und einem verschmitzten Lächeln verabschiedet sich Semmelmilda von uns.

Mein Tipp:
Schellerhau besuchen und nicht ins Kirchlein mitten im Ort schauen, das geht gar nicht! Über 400 Jahre alt ist sie und wurde als steinernes Gotteshaus von Bergleuten und Bauern des Ortes in Anleh-

nung an den Stil der Frühromanik erbaut und 1593 eingeweiht. 1683 ließ ein Herr von Carlowitz die Decke und die Emporen bemalen. Die ausdrucksstarken Bilder machen die Kirche zu einer der schönsten Dorfkirchen Sachsens. Das Gotteshaus ist täglich geöffnet und lädt zum Besuch ein.

Allen Wanderfreunden, die nicht nur mit Semmelmilda Kräuter suchen wollen, empfehle ich vom Parkplatz in der Nähe der Dorfkirche einen kurzen Anstieg zur Stephanshöhe. Hier genießt man in ungefähr 800 Metern Höhe einen schönen Rundblick über die Weiten des Osterzgebirges. Weiter geht es zwei Kilometer lang über den Julius-Schmidt-Steig auf dem Höhenzug bis zum Botanischen Garten. Zurück können Sie auf dem Fußweg durch den Ort spazieren oder die Anschlusswanderwege in Richtung Altenberg, Kahleberg oder Zinnwald in Angriff nehmen.

Botanischer Garten Schellerhau
  Hauptstraße 41 a, 01773 Altenberg OT Schellerhau, Mai–Okt. 9–17 Uhr (witterungsabhängig)
Dorfkirche
  Hauptstraße, 01773 Altenberg OT Schellerhau, tagsüber geöffnet

Tourist-Info-Büro Altenberg
  Am Bahnhof 1, 01773 Altenberg, Mo–Fr 9–17 Uhr,
  Sa/So 9.30–14.30 Uhr (bei Einsatz der Wintersportzüge 9–17 Uhr)

Schmilka

Morgens früh um sieben Uhr holt mich das Drehteam ab. Das heißt »kurz nach Mitternacht« aufstehen! Daran werde ich mich wohl in diesem Leben nicht mehr gewöhnen, auch nicht nach zehn Jahren fernseherprobter »Reiseführertätigkeit« für Neugierige und Ratewillige durch Mitteldeutschland. Ein furchtbarer Gedanke für Schauspieler, wo man doch jahrzehntelang spätabends auf der Theaterbühne hellwach sein musste.

Aber jetzt ist »Fernsehzeit«, und um zehn wartet in Schmilka unser Gesprächspartner, der neue Besitzer der Mühle. Wenn's auf der Autobahn rollt und es auf der Fahrt durch Pirna keinen Stau gibt, ist das von Leipzig aus zu schaffen.

Inklusive Frühstück unterwegs! Die erste kurze Absprache mit Autorin, Kameramann und Ton-Assistentin. Und Bockwurst und Kaffee. Das ist im Laufe der Jahre schon Kult geworden. Auf diese Weise haben wir an so ziemlich allen Tankstellen von Sachsen, Sachsen-Anhalt und Thüringen die »Bowu« getestet und herausgefunden, wo sie am besten schmeckt. Wird hier aber nicht verraten! Heute sind wir auf dem Autohof Grimma »zu Gast« und werden von der Frau hinter dem Tresen mit den Worten begrüßt: »Na, Professor Simoni, wieder auf Tour?!«

Der Kameramann grinst und erinnert sich an eine unserer ersten Touren. An einem Sonntagvormittag bei erwähntem Bowu-

Frühstück mit Kaffee irgendwo in Sachsen bat mich eine Stamm-
zuschauerin von »In aller Freundschaft« um ein Autogramm. Bei
der Verabschiedung bedankte sie sich und bat um Entschuldi-
gung, dass sie unseren »Familienausflug« gestört hat. Daraufhin
unsere junge Ton-Assistentin: »Ach, meine Mutter und mein
Bruder sind das gewöhnt, wenn mein Vater Zuschauerwünsche
erfüllt!«

Halb zehn fahren wir durch Bad Schandau-Postelwitz.
Schmilka ist ein Ortsteil des Kneipp- und Erholungsortes. Strahlender Sonnenschein! Zur rechten fließt die Elbe, und links entdecke ich schmucke Fachwerkhäuser. An der Uferpromenade stehen sie, aufgereiht wie auf einer Perlenschnur, die so genannten
»Siebenbrüderhäuser«. Ein Elbeschiffer soll sie in früheren Zeiten für seine sieben Söhne gebaut haben. So jedenfalls wird es
in einer Sage übermittelt. Wobei das Haus des Vaters wohl alle
anderen überragt hätte.

Keine Sage ist es, dass die Häuser schon mehrfach beinahe
»untergegangen« wären. Die Hochwassermarken an den Fassaden belegen es. Ganze Etagen waren da in den Fluten versunken.
Bewundernswert der Mut der Menschen, die hier leben und ihr
Zuhause nie aufgegeben haben. Und unvorstellbar das Ausmaß
der Überschwemmungen, wenn man der friedlich dahinfließen-
den Elbe an einem Sonnentag wie heute zuschaut.

Direkt über den Siebenbrüderhäusern: die Schrammsteine! So sieht es jedenfalls im Rückspiegel aus. Das Felsmassiv gehört zum Elbsandsteingebirge, dem Kletterparadies in Sachsen! Bergsteiger aus aller Welt kommen jedes Jahr, um die Einzigartigkeit des Sandsteins zu spüren. Es wird erzählt, es sei schon ein ganz besonderes Erlebnis, am warmen rot-gelb schimmernden Felsen den Gipfel zu erklimmen und, oben angekommen, die grandiose Aussicht zu genießen. Vor gut einhundert Jahren wurde hier in der Sächsischen Schweiz das Free Climbing erfunden, das freie Klettern am Felsen, bei dem nur Hände und Füße zur Fortbewegung verwendet werden.

Klingt spannend, ist aber nichts für mich! Ich bin dann doch eher der Typ »gemütlicher Wandersmann«, den es beispielsweise ganz in der Nähe zum Großen Winterberg ziehen würde. Mit 556 Metern die zweithöchste Erhebung der Sächsischen Schweiz im Freistaat Sachsen. Seinen Namen »Winterberg« bekam er schon im Mittelalter, weil er, im Vergleich zur Umgebung, länger und häufiger eine geschlossene Schneedecke trägt.

Am Fuße des Großen Winterberges liegt Schmilka. Wir haben unser Ziel erreicht! Mit rund 130 Einwohnern ist der Ort einer der kleinsten in Sachsen. Bis zu den tschechischen Nachbarn ist es nur ein Katzensprung, denn die Grenze liegt direkt am Ortsrand. Auch hier sind wir begeistert von den vielen schönen Fachwerkhäusern, die sich an den Berg schmiegen. Die kleinen Vorgärten werden zu dieser Jahreszeit nicht nur von Primeln und Osterglocken geschmückt, denn an den Bäumen »wachsen« quietschbunte Eier!

Bevor ich hinauf gehe zur Mühle, nehme ich mir die Zeit und genieße die warme Märzsonne am Ufer des Flusses. Ein Vorgeschmack auf den Sommer, wenn hier die Touristen auf dem Elbe-Radwanderweg zu den Nachbarn nach Tschechien fahren werden. Es soll schon Pedalritter gegeben haben, die hoch im Norden bei Cuxhaven aufgestiegen sind und die gesamte Strecke von 1260 Kilometern geschafft haben. Mit den entsprechenden Pausen in Niedersachsen, Brandenburg, Sachsen-Anhalt und Sachsen, versteht sich!

Das kleine Fährschiff an der Anlegestelle in Schmilka wird nicht nur von Urlaubern genutzt. Es ist auch wichtig für die Einheimischen, weil sich auf der anderen Seite des Stroms der Bahnhof Hirschmühle befindet. Und der liegt an der Bahnstrecke Děčín – Dresden, also am »Schienenstrang zur großen Welt«, wie Hildegard Knef in einem Chanson einmal so schön ihre Sehnsucht nach fernen Ländern besungen hat. Die Fähre gehört zur Flotte der Oberelbischen Verkehrsgesellschaft Pirna-Sebnitz. Mit acht Anlegestellen und zehn Motorschiffen ist sie der größte Binnenfährbetrieb Deutschlands.

Als die Fähre abgelegt hat und übersetzt, mache ich mich auf den Weg zur Mühle. Weit ist es nicht, aber ganz schön steil. Nach wenigen Metern führt die schmale Straße durch einen steinernen Bogen. Da ist sie, die Schmilksche Mühle, mitten in einem kleinen Hof hinter einer blassgelben Fachwerkfassade. Gleich daneben das ockerfarben angestrichene Gebäude des ehemaligen Gasthofs zur Mühle, in dem gerade wieder Fremdenzimmer gebaut und eingerichtet werden. Gegenüber, in einem grünen Haus, die Backstube. Ein sympathischer junger Mann mit weißer Zipfelmütze bringt uns frische Brötchen. Ganz knusprig und noch warm, gewissermaßen das zweite Frühstück an diesem Tag!

Und noch jemand kommt mir entgegen: Sven-Eric Hitzer, der neue Besitzer der Mühle. Ein Mann um die 50, sportlicher Typ, mit viel Energie und Unternehmergeist. Er hatte sich in den Kopf gesetzt, das Wahrzeichen von Schmilka ins Leben zurückzuholen. Das Mühlrad sollte sich wieder drehen und Besucher an den Ilmenbach locken.

1665 war die Schmilksche Mühle erbaut und in Betrieb genommen worden, ein wichtiges Ereignis in der Geschichte des Dorfes, in dem sich zuvor Schiffer, Flößer, Steinmetze, Köhler, Pechsieder und Waldarbeiter angesiedelt hatten. Hitzer erzählt mir, dass es für die Müller damals keine leichte Arbeit war. Mit einer Schüttung von sechs Litern pro Sekunde ist die oberhalb der Mühle entspringende Ilmenquelle die stärkste in der Sächsischen Schweiz. Dennoch war das Wasseraufkommen gering, und es dauerte, bevor sich das große Wasserrad endlich drehte. Mit anderen Worten: Es war mühsam mit der »Müllerei«!

Bis sich um 1800 eine neue »Geschäftsidee« durchsetzte. Der Müller hatte ein zweites Standbein gefunden, wie wir heute sagen würden. Er richtete eine Bäckerei ein, dazu eine Wirtschaft und bot seinen Gästen ein Nachtquartier an. Die Zeit der

Romantiker hatte begonnen, die auf dem so genannten »Maler-
weg« in der Sächsischen Schweiz unterwegs waren. Unter den
Schweiz-Reisenden auch die Maler Caspar David Friedrich und
Adrian Ludwig Richter.

Beim Stichwort »Richter« strahlt Sven-Eric Hitzer und zeigt
mir die Kopie eines alten Stichs von der Schmilkschen Mühle.
So, wie sie der Maler gezeichnet hatte. Ein Bild, das der Unternehmer bei Aufräumarbeiten nach dem Kauf des ziemlich verfallenen Mühlengebäudes gefunden hatte und das ihm nicht mehr
aus dem Kopf ging. Die Richter-Zeichnung wurde »Geburts-
urkunde« und »Bauplan« für den Wiederaufbau der Mühle.

Fünf Jahre vergingen, bis es 2012 endlich soweit war. Das
hölzerne, nach historischem Vorbild rekonstruierte Mahlwerk
knarkste wieder! Es funktionierte, dank des Wissens und der
tatkräftigen Hilfe eines alten Müllers, der in der Nachbarschaft
wohnte. Auch einen neuen, schweren Mühlstein gibt es. Angefertigt wurde er aus Sandstein der Region.

In der Saison, habe ich mir sagen lassen, stehen hier die Besucher Schlange. Bei Führungen lassen sie sich alles ganz genau
erklären, oder sie sind beim Schau-Mahlen dabei. Aber am liebsten kommen sie, wenn hier alljährlich zu Pfingsten Mühlenfest
gefeiert wird!

Wir sitzen unter einem der großen Sonnenschirme im Kaffee-
garten, gleich neben dem Mühlengebäude. Ein wunderbares

Plätzchen, um auszuruhen vom Wandern – oder um mehr zu erfahren über das Konzept, das sich Öko-Unternehmer Hitzer ausgedacht hat für die Mühle von Schmilka: »Im Grunde haben wir hier ein perfektes Kreislaufsystem. Experten sprechen von einem Mikroproduktionsprozess«, erklärt er. »Das Mühlrad läuft mit Wasserkraft aus der Quelle, die nur 80 Meter weiter oben am Berg entspringt. Der Ofen der kleinen Bäckerei nebenan wird ausschließlich mit Holz aus den umliegenden Wäldern CO_2-neutral befeuert. Die Abwärme des Ofens erhitzt das Brauchwasser der Mühle. Und einige wenige Gerätschaften der Neuzeit, die elektrische Energie benötigen, werden vom eigenen Solarkraftwerk mit Sonnenstrom versorgt. So wird die Mühle zu einhundert Prozent zum regenerativen Betrieb.«

Jetzt ahne ich, was einen Öko-Unternehmer ausmacht! Sven-Eric Hitzer ist aber auch ein ausgezeichneter Gastgeber. Mit einem Riesenstück warmem, duftendem Streuselkuchen aus besagtem Holzbackofen belohnt er das Fernsehteam! Und während der Kameramann wieder einmal kein Ende finden kann, weil ganz einfach die Motive im romantisch gelegenen Schmilka unendlich sind, nehme ich die Einladung an zu einem kurzen Rundgang durch die kleine hauseigene Brauerei, das »Baby« von Hitzer junior. Insgesamt gibt es vier Gärbottiche mit einem Fassungsvermögen von über 80 Hektolitern.

Hier sprudelt also nicht nur klares Wasser aus der Ilmenbach-Quelle, hier wird auch frisches Bier ausgeschenkt! Hergestellt mit Zutaten aus kontrolliert biologischem Anbau.

Die neuen Mühlenbesitzer stehen ihren Vorgängern aus längst vergangenen Tagen nicht nach: Gäste sind herzlich willkommen, und die können auch heute über den Malerweg wandern. Müssen sie aber nicht. Wie schon erwähnt, mit dem Rad entlang der Elbe geht's auch.

Oder eben mit dem Auto. Die Bundesstraße 172, die in Dresden beginnt, endet in Schmilka. Und wer Ferien macht, muss ja nicht unbedingt »kurz nach Mitternacht« losfahren.

Mein Tipp:
Sowohl vom Wanderparkplatz vor dem Ortseingang als auch vom großen Parkplatz an der Elbe führen verschiedene Wanderwege in die Felsenlandschaft der Sächsisch-Böhmischen Schweiz. So ist der Parkplatz in Schmilka bevorzugter Ausgangspunkt für Wanderungen auf den Großen Winterberg. Auch beliebte Wanderziele der Böhmischen Schweiz sind von hier aus über das auf tschechischer Seite liegende Hřensko zu erreichen, zum Beispiel das Prebischtor oder die Edmundsklamm. Und wenn die Füße müde und die Kräfte verausgabt sind vom Wandern und Klettern im Nationalpark Sächsische Schweiz, dann sollten Sie sich Erholung gönnen im Badehaus von Schmilka. Dort lockt eine Panoramasauna mit einem herrlichen Blick auf den malerischen Mühlenhof. Außerdem gibt es eine Bio-Sauna (65–70 Grad) und eine klassische finnische Sauna (90 Grad). Im gemütlichen Ruheraum können Sie auf Liegebänken und in Hängematten die Seele baumeln lassen.

Schmilk'sche Mühle
   Schmilka Nr. 36, 01814 Bad
   Schandau OT Schmilka,
   Öffnungszeiten unter
   www.muehle-schmilka.de
   oder Tel. 035022 9 22 30

Badehaus mit Panoramasauna
   Schmilka Nr. 11, 01814 Bad
   Schandau OT Schmilka, Anmeldung erforderlich bis zum Vortag
   18 Uhr unter Tel. 035022 9 22 30
Zentrale Touristinformation
   Bahnhofstraße 1, 01824 Königstein, Mo–Fr 9–17 Uhr,
   Sa/So 9–16 Uhr

Schöneck

Das Beste, was man gegen Krankheit tun kann, ist, etwas für die Gesundheit zu tun«. Dieser Ausspruch von Sebastian Kneipp wird am heutigen Drehtag im Vogtland mein erster Text sein, den ich in die Kamera zu sagen habe. Wir stellen Schöneck vor, einen kleinen Erholungsort mit viel Wald, viel frischer Luft, einem Kneipp-Verein, altem Handwerk und viel blauem Dunst!

Es lebe die Gesundheit, sage ich mir, und folge den Wünschen des Kameramannes: Für den ersten Satz stehe ich an einem tief verschneiten Hang. Der Schnee glitzert, und an mir vorbei sausen Schlitten mit laut lachenden Rodelbesatzungen im Vorschulalter. Ich versuche es: »Das Beste, was man gegen Krankheit ...« »Nein, das ist zu laut«, unterbricht unsere Ton-Assistentin.

Gut, wir versuchen es ein Stück weiter. Beneidenswert, denke ich, und schaue einem der Abfahrtsläufer nach, die gleich nebenan in kühnem Schwung dem Tal entgegen »brettern«. Die »Wedel«-Geräusche im Schnee sind zwar auch zu hören, aber dieses Mal ist mein erster Satz lauter, und ich kann die Kneipp'sche Weisheit gut hörbar und technisch einwandfrei zu Ende bringen.

Schöneck ist wirklich ein Wintersportparadies! Das begeisterte Treiben der Urlauber wird uns den ganzen Tag über begleiten: Optimale Verhältnisse finden die Langläufer im 36 Kilometer langen Loipennetz. Maschinell gespurt und deshalb von bester Qualität, für den erfahrenen Langläufer genauso wie für Anfänger-Skihasen. Und das alles in einer traumhaften Landschaft, natürlich mit vielen Möglichkeiten, sich auf der Tour zu stärken bzw. aufzuwärmen, auch von innen!

Richtig turbulent geht es in der »Skiwelt« von Schöneck zu. Das sind etwa zwei Kilometer lange Pisten mit unterschiedlichen Schwierigkeitsgraden. Hinauf kommen alle Abfahrtsläufer zu gleichen Bedingungen, sehr bequem mit dem Vierer-Sessellift, einem der Schlepplifte oder mit dem Zauberteppich. Was es mit dem auf sich hat, wird hier nicht verraten …

Verrückte junge Kerle und mutige Mädchen beobachten wir im Fun-Park an der Streugrün. Echte Snowboard-Fans wissen sofort, worum es geht, wenn ich sage: Hier heißt es, ganz cool und locker carven oder cruisen! Acht verschiedene Elemente versprechen optimalen Snowboard-Spaß: Downbox, PicknickTable, Bombe, Curvedbox, Quater, Rainbowbox, Jibbox und Jibbarol. Zugegeben, meine jungen Kollegen haben mir geholfen, mich in diesem Fach-Chinesisch zurechtzufinden. Einfach Wahnsinn, den echten Könnern zuzuschauen, die in atemberaubender Geschwindigkeit hier durchpfeifen, abspringen, sich drehen, um schließlich nach gewagten Salti wieder zu landen. Manchmal auch auf dem Hosenboden! Aber das kann einen hartgesotte-

nen Snowboarder nicht erschüttern. Der steht auf, schüttelt den Schnee ab und geht das nächste Element an.

Eine kurze Pause zum Durchatmen wäre jetzt nicht schlecht! Da kommt der Themenwechsel zu »Kneipp in Schöneck« genau richtig. Auch hier gibt es Angebote für Gäste und Urlauber, die den bayerischen Priester und Hydrotherapeuten glatt zu Freudentränen rühren würden. Sebastian Anton Kneipp hatte schon im 19. Jahrhundert eine Gesundheitslehre entwickelt, die auf einer Wasserkur bzw. dem Wassertreten basiert. Und so haben die Stadtväter von Schöneck und der ansässige Kneipp-Verein beschlossen, in der Nähe der Talstation des Sessellifts eine entsprechende Anlage zu bauen. Mit allem, was dazugehört, nämlich einem großen Fußtretbecken, einem Arm-Bad, Hinweistafeln mit den Regeln, wie Kneippen funktioniert, und Bänken zum Ausruhen und Entspannen. Auch wenn an diesem Tag die Anlage unter einer dicken Schneedecke Winterschlaf hält, das nächste Frühjahr kommt bestimmt und damit auch der erste Kneipp-Jünger, der hier im Storchengang durchs Becken schreiten wird. Die Mitglieder des Vereins freuen sich schon darauf und nutzen die Winterpause, um neue Programme für Kurse, Exkursionen, Wanderungen und Vorträge zu erarbeiten. Seit die Anlage 2012 eröffnet wurde, wächst das Interesse bei Urlaubern wie Einheimischen. Inzwischen gibt es im Ort sogar einen Kneipp-Kindergarten. Also drücken wir den Schöneckern die Daumen, dass das Vorhaben gelingt, Kneipp-Kurort zu werden.

Die Mittagssonne zaubert eine bilderbuchreife Landschaft mit Schnee und strahlend blauem Himmel. Also hinauf auf den Alten Söll, einen 734 Meter hohen Felsen, quasi der Hausberg von Schöneck. Eine Sternstunde für jeden Kameramann, auch für unseren: Bei bester Fernsicht hat er beim Panoramaschwenk über das obere Vogtland mit dem Elstergebirge und dem Elstertal sogar das Fichtelgebirge ausfindig gemacht. Gerüchten zufolge soll auch schon mal das Völkerschlachtdenkmal von Leipzig entdeckt worden sein! Aber wir wollen es nicht übertreiben. Dennoch, hier oben zeigt sich, dass die Stadt den Beinamen »Balkon des Vogtlandes« wirklich verdient!

Schade, dass es die alte Burg Schöneck nicht mehr gibt. Bis 1765 hat sie auf dem Alten Söll gethront. Mitte des 13. Jahrhunderts war das »castrum Schoennecke« erstmals in einer Urkunde als mittelalterlicher Herrensitz erwähnt worden. Heute gehören Reste der abgetragenen Burg zu den interessanten Ausstellungsstücken im Heimatmuseum. Das heißt aber nicht, dass das Thema »Burgleben« nun am Alten Söll abgehakt ist: Auf dem Burgenabenteuerspielplatz am Fuße des Felsens liefern sich im Sommer wie im Winter Rittersleute mit Papphelmen und Holzschwertern oft erbitterte Zweikämpfe. Die sind dann freilich spätestens bei einem Eis oder bei Bratwurst mit Pommes beigelegt.

Es ist an der Zeit, sich aufzuwärmen! Am besten mit einer guten Zigarre …

In einem der ältesten Gebäude von Schöneck finden wir Unterschlupf, sprich ein warmes Plätzchen: Hier haben vor einigen Jahren die Touristinformation, ein Café und das Heimatmuseum unter einem gemeinsamen Dach zusammengefunden. So kann sich das alte Haus aus dem Jahr 1834 nun von einer anderen, schönen Seite zeigen, denn in früheren Zeiten diente es auch schon einmal als Hospital, Obdachlosenunterkunft und Armenküche, später als Jugendherberge und Kindergarten.

In einem besonderen Ausstellungsbereich und einer kleinen Schauwerkstatt wird ein Kapitel Stadtgeschichte beleuchtet, das nicht jeder Ort aufweisen kann: Es geht um einhundert Jahre Zigarrenproduktion, die von 1865 bis 1969 der bestimmende Wirtschaftszweig in Schöneck gewesen ist. Zeitweise gab es hier 23 Fabriken, in denen der blaue Dunst die Luft erfüllte. Den Anfang hatte die Firma Linke versucht, scheiterte aber und gab schließlich auf. Mehr Glück mit der Herstellung von Zigarren hatte das Unternehmen Mangelsdorf & Quandt, das am 4. Januar 1865 eine Filiale eröffnete und immerhin schon sechzig Arbeiter beschäftigte. 1905 arbeiteten schließlich 20 Prozent der Schönecker in Heimarbeit oder in einer Fabrik in der Zigarrenindustrie.

Die Geschichte von »La cohiba made in Vogtland« wurde auch nach dem Zweiten Weltkrieg fortgeschrieben. 20 Millionen Stück produzierte der VEB Schönecker Zigarrenfabriken allein im Jahr 1964. Doch der Bedarf ging immer mehr zurück. Das Ende einer Ära war eingeleitet. In Vergessenheit geriet dieses Stück Stadtgeschichte aber keineswegs, bis heute nicht. Selbst junge Wissenschaftler widmen sich diesem Kapitel. In ihrem Buch »Schöneck. Bekannt durch gute Zigarren« beschäftigen sich zwei Absolventen des Instituts für Sächsische Geschichte und Volkskunde mit der Historie der Zigarrenproduktion in Schöneck und beleuchten die Industriegeschichte der vogtländischen Kleinstadt.

Die Zigarren-Story macht hier selbst vor den Brettern, die für manche die Welt bedeuten, nicht Halt! Das Stück »Der Bettelkönig und die Zigarre« bescherte der Schönecker Theatergruppe einen großen Erfolg. Autor und Regisseur Ralf Edler und seine Laiendarsteller bekamen bei den Aufführungen viel Applaus für ihre Verwechslungskomödie, die auf einer wahren Begebenheit beruht. Hauptfigur im Zigarren-Stück ist ein gewisser Franz Gustav Spindler, der dem Prinzen Georg von Sachsen wohl sehr ähnlich sah. Fatalerweise war Spindler der Verursacher des verheerenden Brandes in Schöneck von 1856. Zwanzig Jahre später soll er sich ertränkt haben.

Doch Schluss mit diesen tragikomischen Geschichten. Wer Antworten auf ganz sachliche Fragen rund um die Zigarre haben möchte, dem bleiben die Mitarbeiter des Museums nichts schuldig: Wofür braucht man Zigarrenpressen? Was ist ein Wickel? Wie kommt das Deckblatt auf die Zigarre? Und so weiter, und so weiter …

Nach so viel blauem Dunst wollen wir das »gesunde« Schöneck weiter erkunden. Uns drängt es an die frische Luft! Da bietet sich ein Spaziergang zum Rathaus an. Es wurde 1923 im neobarocken Stil erbaut und soll an das ehemalige Schloss Schöneck erinnern. Mir gefällt von dem großen weiß-grauen Gebäude mit dem rot gedeckten Dach die Turmhaube am besten. Mit reichlich grün schimmerndem Patina-Ansatz erinnert sie an ein Zwiebeltürmchen. Bei einer vollständigen Sanierung in jüngster Vergangenheit wurden die großen Sprossenfenster des Ratssaales aufwendig restauriert. Bei dieser Gelegenheit zog auch die Stadtbibliothek ins Schönecker Rathaus ein. Eine Fundgrube, nicht nur für Leseratten! Mehr als achttausend Medien können ausgeliehen werden, Bücher, Hörspiele, Musik, Filme, Computerspiele und Zeitschriften. Und in einer solchen habe ich etwas über das alte Schöneck gelesen, von traditionsreichem Handwerk war da die Rede.

Tatsächlich finden wir in einer kleinen Straße in der Altstadt eine Schmiedewerkstatt aus dem 19. Jahrhundert, exakt aus dem Jahr 1880. Das lässt sich so genau sagen, weil das Gebäude in diesem Jahr erbaut wurde und zugleich der erste Schmied hier seine Arbeit aufnahm. Der letzte ließ schließlich 1976 das Feuer ausgehen. Schön, dass es die Alte Schmiede immer noch gibt, als Museum. Beim Rundgang durch die gewölbeartigen Räume kann man den Ruß an den Backsteinwänden sehen und riechen. Fein säuberlich wurde das Werkzeug geordnet und für die Besucher bereitgelegt. Und bei einer kurzen Führung erfährt man mehr über die schwere Arbeit des Dorfschmieds vor hundert Jahren.

Gar nicht weit weg, in der Klingerstraße, gibt es noch mehr Traditionelles: ein Brauereimuseum, das mit viel Liebe zum Detail im ehemaligen Sudhaus eingerichtet wurde. Im Eingangsbereich steht ein Pferdewagen mit Kutscherbock und eisenbereiften Speichenrädern. Das Klappern und das Pferdegetrappel auf den holprigen Straßen habe ich gleich im Ohr. Wenn der Bierkutscher nicht ordentlich geladen hätte, würden die Holzbierkästen mit den Flaschen und die großen Fässer jetzt alle durcheinander purzeln. Aber der Mann verstand sein Handwerk, genau wie damals der Braumeister. Museumsbesucher, die sich an seinem Arbeitsplatz umschauen, entdecken viel Wissenswertes. Ganz abgesehen von den Möglichkeiten, hier auch seinen

Durst zu löschen oder gleich Freunde, Verwandte oder Kollegen mitzubringen und nach einer speziellen Führung Feste zu feiern.

Eine schöne Idee, denke ich, und werde draußen vor der Tür von dicken weißen Flocken in die kalte Wirklichkeit zurückgeholt. Obwohl es erst kurz nach Vier ist, hat sich die Dämmerung über Schöneck schon breitgemacht. Drehschluss für heute!

Die Straßenlaternen tauchen die gelbe Hausfassade des Brauereimuseums in ein warmes Licht, und wir freuen uns jetzt auf den Feierabend.

Mein Tipp:
Egal, in welcher Jahreszeit Sie das Wander- und Wintersportparadies Schöneck besuchen, »abtauchen« können Sie das ganze Jahr über im Erlebnisbad Aqua World Schöneck, das zum IFA-Ferienpark gehört. Hier kommen kleine und große Wasserratten voll auf ihre Kosten. Schwimmen, Planschen, Tauchen, die Wellen genießen und Spaß haben im Wellenbecken, Lagunenbecken, auf der Rutsche, im Whirlpool und im Sommer zusätzlich mit Freibad.

Eine Sehenswürdigkeit von Schöneck darf bei allen sportlichen Aktivitäten nicht »untergehen«: Die Stadtkirche St. Georg! Sie wurde nach dem letzten Stadtbrand 1856 neu erbaut und im Herbst 1859 geweiht. Die Orgel entstand im gleichen Jahr in der Werkstatt von Johann Gotthilf Bärmig aus Werdau. Die Glocken des Gotteshauses lieferte damals der Glockengießerbetrieb Große aus Dresden. Im Ersten Weltkrieg wurden sie eingeschmolzen. Die neuen Glocken kamen aus Apolda und wurden 1920 zum ersten Mal geläutet.

Zigarren- & Heimatmuseum
  Bauhofstraße 1, 08261
  Schöneck, März–Okt.: Di/
  Do 14–17 Uhr, Dez./Jan.: Di/Do/
  So 14–17 Uhr
Alte Schmiede und Brauereimuseum
  Klingerstraße 17, 08261
  Schöneck, Öffnungszeiten unter www.schoeneck-pension.de
  oder Tel. 03764 8 82 32

IFA Hotel und Ferienpark
  Hohe Reuth 5, 08261 Schöneck
Kirche St. Georg
  Kirchstraße 5, 08261 Schöneck,
  Mo 8–11/13–17.30 Uhr, Di–Do
  8–11 Uhr
Touristinformation
  Bauhofstraße 1, 08261
  Schöneck, Mo–Fr 9–12/
  13–16.30 Uhr, Sa 10–14 Uhr

Sebnitz

In ungefähr zwei Stunden wird es ein Wiedersehen mit einer alten Liebe geben! Dann werden wir von Leipzig aus über die A14 und A4 in südöstlicher Richtung Sebnitz erreicht haben. Dass es dort »passieren« wird, amüsiert mich, denn mit dem größten staatlich anerkannten Erholungsort von Sachsen verbinden mich noch mehr Jugenderinnerungen!

Aber der Reihe nach. Unsere erste Station ist der Bahnhof und dort werde ich das Fahrzeug wechseln. Wenn Sie jetzt vermuten, es ginge mit der Sächsisch-Böhmischen Nationalparkbahn weiter, muss ich Sie enttäuschen. Wobei eine Eisenbahnfahrt auf der neuen Route von Sebnitz ins tschechische Rumburk oder nach Bad Schandau bzw. Děčín auch reizvoll wäre. Schließlich wurde damit im Sommer 2014 eine der letzten Lücken zwischen Böhmen und Sachsen geschlossen. Und es entstanden neue Möglichkeiten für Wirtschaft und Tourismus. Knapp 70 Jahre mussten vergehen, bis auf dieser Strecke wieder durchgehend Züge fahren konnten.

Ich nehme es heute »sportlich« und habe spaßeshalber für mein »Schätzchen« eine Rose im Gepäck! Eine besonders feine, ganz aus zarter Seide. Das gehört sich einfach, beim Wiedersehen nach so vielen Jahren in der Stadt der Kunstblumen.

Nun ist es soweit: Der Kameramann hat das Bild eingerichtet, ich habe mir nochmal die Frisur und die Lederjacke glatt gestrichen. Und sie ist herausgeputzt, strahlt und glänzt und wartet auf die Umarmung: Schön, dass es sie noch gibt, eine Jawa, Baujahr 1952! Das Motorrad meiner Träume, für das ich als junger Schauspieler wie verrückt gespart habe. Als ich es endlich kaufen konnte, waren wir ständig auf Tour und haben gemeinsam eine Menge erlebt! Auch manche böse Überraschung, als beispielsweise über Nacht dreiste Diebe das Hinterrad geklaut hatten und ich die Genossen von der Volkspolizei um Hilfe bitten musste ...

Was soll's, diese Maschine von der IG »Oldtimer« am Sebnitzer Bahnhof ist fahrbereit und wird mit uns heute durch Sebnitz rollen. In diesen Genuss können übrigens alle Touristen kommen, die des Fahrens kundig sind und das auch nachweisen können, sprich im Besitz eines Motorradführerscheins sind. Drei unterschiedliche Touren in die Sächsische Schweiz oder in die Lausitz werden angeboten. Zu zweit, allein oder in der Gruppe, aber immer in Begleitung eines Mitglieds der IG »Oldtimer«. Wegen der Sicherheit und damit man nicht »vom rechten Wege abkommt«, denn die Motorradfreunde wissen, wo es langgeht, und kennen die schönsten Ecken dieser außergewöhnlichen Landschaft.

Wir werden in der Stadt bleiben, abgesehen von einem kleinen Abstecher in den Ortsteil Hinterhermsdorf. Doch zuvor möch-

te ich Ihnen noch mehr Lust machen auf Motorräder, wenigstens auf solche, die schon in die Jahre gekommen sind und doch nichts von ihrem Reiz verloren haben. In einer tollen Ausstellung am Bahnhof Sebnitz haben die Oldtimerfreunde so einiges an Maschinen zusammengetragen, restauriert und auf Hochglanz poliert. Fällt gar nicht so leicht, sich da zu verabschieden, zumal man hier schnell ins Fachsimpeln mit Gleichgesinnten kommt. Aber mir bleibt ja »meine« Jawa, einen ganzen Tag lang.

Unser erstes Ziel in Sebnitz ist natürlich »die Kunstblume«, wie die Einheimischen sagen. Gemeint ist die Manufaktur Deutsche Kunstblume am Neustädter Weg. Und wenn dort seit 1834 künstliche Blumen in traditioneller Handarbeit hergestellt werden, dann gehört es einfach dazu, Rekorde aufzustellen. Zum Beispiel diesen: Exakt 3,70 Meter misst die größte Seidenrose der Welt, die hier »gewachsen« ist.

Ich habe das Motorrad im Hof abgestellt und schließe mich einer Besuchergruppe an, die den Rundgang durch den Betrieb im großen Blumenladen im Erdgeschoss beginnt. Rosen, Tulpen, Nelken, usw. usw. In allen Farben, Formen, Größen. Wie zu hören ist, stehen in letzter Zeit die »Wiesenblumen«, also Gänseblümchen und Co., hoch im Kurs.

Vor Jahrtausenden sah das ganz anders aus, da waren Lilien »in«, echte, aber auch künstliche. Und die wurden gleich zum Prüfstein in Liebesdingen: Einer Legende aus dem Alten Testament nach stand König Salomon eines Tages vor der alles entscheidenden Frage: »Welche Lilien sind echt, welche unecht?« Aufgegeben hatte das Rätsel seine Angebetete, die Königin Saba. Hätte er falsch gelegen mit seiner Antwort, wäre aus der Hochzeit nichts geworden und Salomon einen Kopf kürzer. Doch er war pfiffig, ließ Bienen bringen und beobachtete, auf welchen Lilien sich diese niederließen. Auf den echten natürlich! Das Rätsel war gelöst und Sabas Herz erobert. (Bloß gut, dass meiner Jawa die Seidenrose gefallen hat, sonst wäre aus unserer Spritztour durch Sebnitz nichts geworden …)

Im ersten Stock der Manufaktur wird »geblümelt«. So heißt die Herstellung der zarten Gebilde. Stanzen, prägen, färben, binden – das alles geht den Frauen fix von der Hand, mit Geschick und Fingerspitzengefühl. Was herauskommt, ist weltweit gefragt,

und die Produkte »der Kunstblume« aus dem sächsischen Sebnitz sind Kassenschlager. Ich drücke mich erfolgreich um's »Selber-Blümeln« und folge dem Kameramann in den Eisenkeller. Dort sind zigtausend historische Werkzeuge ausgestellt, die von den Anfängen der Kunstblumenherstellung künden. Damals gab es freilich unter den Blumenmädchen noch keine »Königin«, die alljährlich im Frühjahr auf dem Sebnitzer Blumenball gekürt wird und ein Jahr lang ihre Stadt repräsentieren darf. Mindestens sechzehn Lenze muss sie jung sein und Bescheid wissen rund um die Blume!

Wenn ich's mir recht überlege, vielleicht hätte ich ja mit sechzehn das Zeug gehabt zum »Blumenmann«. Damals wohnte ich mit meinen Eltern und meiner Schwester auch in Sebnitz und besuchte die Goethe-Oberschule, also das Gymnasium. Aber für eine Karriere in der Blumenbranche standen die Sterne schlecht. »Verantwortlich« war meine Deutschlehrerin, die ich noch heute sehr verehre und die für mich durch ihren Unterricht damals schon die Weichen in Richtung Schauspielerberuf gestellt hat. Erste Erfahrungen hatte ich ja schon in den ersten Schuljahren in der Laienspielgruppe gesammelt. Eine »wichtige Hauptrolle« war ein garstiger Hampelmann, der den anderen das Leben schwer machte. Außerdem durfte ich im Gefolge der »Schneekönigin« mitmimen. Leidenschaftlich gern habe ich Gedichte gelernt und aufgesagt. Aber auch bei Musiklehrer Uli im Schulchor gesungen. Genauso gern war ich auf dem Fußballplatz und sah mich als »entscheidende Stütze« des Vereins. Nach dem Abitur 1958 und einer kurzen Überlegung, vielleicht doch Sportlehrer zu werden, ging es dann zur Aufnahmeprüfung an die Theaterhochschule Leipzig. Sie haben mich genommen…

Rosenkavalier Bellmann hakt die Jugenderinnerungen ab und verlässt samt Jawa die Kunstblume. Das Drehteam fährt mit dem Auto voraus. Nächster Halt: Die Kaukasusstube in der Hertigswalder Straße.

Fast wären wir vorbeigefahren, denn die Nummer 20 ist ein kleines, eher unscheinbares Haus. Doch schon auf den zweiten Blick entdeckt der Besucher den Charme dieses Umgebindehauses. Es stellt eine seit Jahrhunderten übliche Kombination aus slawischer Blockhaus- und fränkischer Fachwerkbauweise dar. Im Jahr 2007 hatte das 250 Jahre alte Gebäude Schlagzeilen

gemacht: Für die Restaurierung und Sanierung gab es den Umge-
bindehaus-Preis. Darüber hat sich das Ehepaar Ruth und Alfred
Mütze natürlich mächtig gefreut.

Der pensionierte Pfarrer und seine Frau sind die Besitzer und
haben gern Besuch. Deshalb steht die Tür für Neugierige immer
offen. Wer sich jedoch genauer umsehen möchte, sollte besser
vorher anrufen. Und das lohnt sich, vor allem in der »Kaukasusstube«, die Mützes kurzentschlossen in der Blockstube eingerichtet haben. »Es ging gar nicht mehr anders«, erzählt Alfred
Mütze. »Die Erinnerungsstücke an unsere Aufenthalte im Nordkaukasus wurden immer mehr. Also, dachten wir, richten wir ein
kleines Museum ein und erzählen über diese Zeit.« Ruth Mütze
serviert nun erst einmal grusinischen Tee, begleitet vom Summen
des großen bunten Samowars. Und während wir den Tee genießen, erfahren wir mehr über die ausgestellten Gegenstände auf
den Tischen, über die handgewebten Gobelins an den hölzernen
Wänden sowie über die Erlebnisse des Ehepaares im Kaukasus.

Mützes erzählen von ihren abenteuerlichen Reisen, die sie
im Laufe von zwanzig Jahren unternommen haben und all den
interessanten Begegnungen und wundervollen Erlebnissen.
Wir erfahren zum Beispiel von der Verbannung der Russland-
Deutschen während des Zweiten Weltkrieges nach Kasachstan
und Sibirien. Von dort konnten später nur wenige in ihre ange-

stammten Heimatgemeinden im Nordkaukasus zurückkehren. In der Verbannung mussten sie hart arbeiten und durften ihren Wohnort nicht verlassen. Es war ihnen auch verboten, deutsch zu sprechen. Doch sie taten es heimlich in ihren Familien oder bei Treffen mit deutschen Freunden. Dabei sangen sie aus handgeschriebenen Gesangbüchern in deutscher Sprache. Diesen Schatz lebendigen Glaubens entdeckte Pfarrer Mütze in einem Bethaus im Kaukasus. Damit die Bücher erhalten bleiben, durfte er sie mit nach Deutschland nehmen.

Außerdem besitzt Alfred Mütze das Original eines Abschiedsbriefes, der am offenen Sarg verlesen wird und in dem der Verstorbene den Lebenden Trost zuspricht. Nachdenklich verlassen wir die Kaukasusstube und wünschen den beiden von Herzen alles Gute. Und viele Besucher ...

Für den Nachmittag ist eine Ausfahrt geplant, damit die Jawa mal zeigen kann, was sie noch so drauf hat. Unser Begleiter von der IG »Oldtimer« erlaubt unserem Kameramann, dass er ein Stück auf dem Sozius mitfahren und drehen darf.

Über die Schandauer Straße geht es ins zehn Kilometer entfernte Hinterhermsdorf, einen Ortsteil von Sebnitz und die erste Nationalparkgemeinde der Sächsischen Schweiz. Sie ist ein »familienfreundlicher Urlauberort und staatlich anerkannter Erholungsort, der beste Bedingungen bietet für einen erholsamen,

aktiven und naturnahen Aufenthalt.« So steht es im Zertifikat, mit dem Hinterhermsdorf ausgezeichnet wurde. Zu Recht! Bei einem Spaziergang durch das schmucke Dorf entdecken wir viele Hinweisschilder auf Wanderwege, die in die Umgebung führen. Wer Lust und genug Ausdauer hat, kann sogar nach Tschechien wandern und die Böhmische Schweiz erkunden. Das geht natürlich auch mit dem Fahrrad. Oder mit dem Motorrad.

Ich habe die Jawa neben einem der 71 Umgebindehäuser geparkt. Das sind die meisten, die es in einem Dorf gibt, zumindest im Landkreis Sächsische Schweiz-Osterzgebirge. 61 wurden unter Denkmalschutz gestellt.

Noch heute ist in Hinterhermsdorf die ursprüngliche Siedlungsstruktur eines Waldhufendorfes zu erkennen. Das heißt, am Dorfrand sind die Bauernhöfe angesiedelt, also die ehemaligen »Hufewirtschaften«. Später entstanden dann im Dorfkern die Siedlerhäuser, in denen Handwerker-, Waldarbeiter-, Steinhauer- und Flößerfamilien wohnten.

Wir brauchen ganz schön viel Puste, denn die Straße ist steil! Aber sie führt uns direkt zur historischen Waldarbeiterstube in einem zweistöckigen Gebäude aus Holz mit spitzem Schieferdach. Auch ein Umgebindehaus. Die eigentliche Blockstube ist rosafarben gestrichen und so schon gut von außen zu erkennen. Darauf sitzen die typischen dunkel gebeizten Bögen des so genannten »Ständerwerks«, das schließlich übergeht ins Obergeschoss.

Als wir die grüne Tür in der Mitte des Hauses öffnen, begrüßt sie uns mit einem leisen Knarren: Willkommen im Museum, in der Waldarbeiterstube! Wir setzen uns auf die einfachen Holzstühle, die rund um den großen, blank gescheuerten Tisch gestellt sind. Hier hat sich wohl die kinderreiche Familie des Waldarbeiters zu den Mahlzeiten versammelt. Heute nehmen Besucher Platz, die sich von Mitgliedern des Heimatvereins erzählen lassen, wie der Alltag Ende des 19. Jahrhunderts ausgesehen hat. Eine Ausstellung gibt Auskunft über die Ortsgeschichte. Da ist dann auch zu lesen, dass Hinterhermsdorf vor einigen Jahren zum schönsten Dorf Sachsens gekürt wurde.

Draußen beginnt es langsam zu dämmern. Für uns wird es Zeit, die Jawa muss nach Hause! Eine knappe halbe Stunde später stehen wir wieder am Bahnhof von Sebnitz. Es heißt, Abschied zu nehmen vom Traummotorrad aus Jugendzeiten. Schön war's! Aber ehrlich gesagt, hat es auch etwas für sich, im bequemen Auto mit netten Kollegen nach Hause zu fahren.

Mein Tipp:
Für Ihren Sebnitz-Besuch sollten Sie sich unbedingt das Afrikahaus vormerken. Ortrud und Eckard Nold haben dort eine multimediale Dauerausstellung zur wechselvollen Geschichte und zur reichen Kultur Afrikas gestaltet. Mit mehr als viertausend Exponaten und der über dreitausend Titel zählenden Nold-Namibia-Bibliothek ist es das einzige Museum in Ostsachsen, das sich ausschließlich dem Thema »Afrika« widmet.

Im Heimatmuseum wartet eine Besonderheit, die Sebnitzer Schattenspiele, ein Stück Weihnachtsvolkskunst, das vor allem durch den Scherenschnittkünstler Adolf Tannert geprägt wurde.

Und wenn Sie nach einem abwechslungsreichen Wander- bzw. Museumstag Erholung nötig haben, dann tauchen Sie im Kräutervitalbad ab! Die zahlreichen Wellnessangebote basieren meistens auf Kräuterbasis. Im Rasul weht ein Hauch von Orient (und das im tiefsten Sachsen!), und die Krönung ist das Coselbad mit einigen Überraschungen. Viel Spaß in Sebnitz!

IG »Oldtimer« mit Schauwerkstatt und Motorradausstellung
Bahnhofstraße 17, 01855 Sebnitz, Besichtigung nach Voranmeldung Tel. 035975 8 07 46 oder 0162 4 46 30 22 oder schulzemaidusch@t-online.de
Deutsche Kunstblume Sebnitz
Neustädter Weg 10, 01855 Sebnitz, Schaumanufaktur Di–So 10–17 Uhr, Verkauf täglich 10–17 Uhr
Kaukasusstube
Hertigswalder Straße 20, 01855 Sebnitz, geöffnet nach Voranmeldung bei Ehepaar Mütze Tel. 035971 5 46 69

Waldarbeiterstube Hinterhermsdorf
Neudorfstraße 2, 01855 Sebnitz OT Hinterhermsdorf, Mai–Okt. 10–12 / 13–17 Uhr
Afrikahaus, Kunstblumen- und Heimatmuseum
Hertigswalder Straße 12–14, 01855 Sebnitz, Di–So 10–17 Uhr
Kräutervitalbad
Hammerstraße 1, 01855 Sebnitz, Di–Fr 14–22 Uhr, Sa 11–22 Uhr, So 10–21 Uhr
Touristinformation
Neustädter Weg 10, 01855 Sebnitz, täglich 10–17 Uhr

Seiffen

G lück auf!« grüßt uns freundlich lächelnd die alte Frau, die das Fenster im Erdgeschoss des holzverkleideten Wohnhauses wieder schließen will. Obwohl es in diesem Winter noch keinen Schnee gegeben hat, ist es kalt hier oben am Kammweg des Erzgebirges. Anstelle von Gardinen rückt sie hinter den Scheiben ein Lichterfigurenpaar auf dem Fensterbrett zurecht. Ein Bergmann und ein Engel aus Holz, ungefähr dreißig Zentimeter groß, bunt lackiert, in ihren Händen Kerzen haltend, die heute Abend sicher angezündet werden.

Wir sind in Seiffen, und bis Weihnachten sind es noch drei Wochen. Die Adventszeit hat also gerade begonnen und damit die Hochsaison der Lichterfiguren. Beim genauen Hinsehen merke ich, dass tatsächlich fast in jedem Haus mindestens ein Lichterfigurenpaar im Fenster steht. Wahrscheinlich halten sich die meisten Seiffener noch an die Tradition, mit der Anzahl der aufgestellten Engel bzw. Bergmännern den Vorbeigehenden zu zeigen, wie viele Töchter und Söhne zur Familie gehören ...

Ihren Ursprung haben die Lichterfiguren Engel und Bergmann im 17. Jahrhundert. Damals wurden in den Kirchen des Erzgebirges geschnitzte Bergmannsfiguren als Kerzenhalter am Altar verwendet. Das hatte mit der Sehnsucht der Bergleute nach Licht und Wärme zu tun. Bei ihrer schweren und gefährlichen

Arbeit unter Tage war das Licht für sie ein Symbol für Leben und Gesundheit.

Wenn der Bergmann nachts zur Schicht ging, blieb seine Familie mit einem einzigen sehnlichen Wunsch zurück: »Komm glücklich wieder!« So lässt sich auch erklären, warum im Erzgebirge über die Jahrhunderte hinweg der alte Bergmannsgruß »Glück auf!« zum eigentlichen »Guten Tag!« wurde.

Ein paar Augenblicke später wird die Tür vom Haus mit dem Bergmann-Engel-Fenster geöffnet und heraus kommt die »alte Bekannte« von vorhin, jetzt mit einer flotten Strickmütze, hochgeschlagenem Mantelkragen und dicken Stiefeln. Sie lacht: »Ist kalt geworden, heute Abend könnte es den ersten Schnee geben. Das geht hier oben ganz schnell.«

Wir gehen ein Stück gemeinsam in Richtung Kirche und kommen ins Gespräch. Klar, es dreht sich um die Lichterfiguren! Und ich erfahre noch einen weiteren Grund, weshalb die Lichter-Bergmänner ursprünglich in die Fenster gestellt wurden: Sie sollten den Vätern und Söhnen den Weg aus dem Bergwerk nach Hause erhellen und die Nacht verkürzen. Mit den Jahren kam dann eine zweite Figur dazu, der Lichterengel. Er hat, im Gegensatz zum Bergmann, einen religiösen Ursprung.

Nach unserem Spaziergang immer bergauf kommen wir an der Kirche in der Ortsmitte an. »Glück auf! Macht's gut und eine

schöne Adventszeit!«, dann ist meine Begleitung verschwunden, und wir gehen in die Mini-Ausgabe der Dresdner Frauenkirche.

Die Bergkirche Seiffen sieht äußerlich tatsächlich so aus, als sei sie die kleine Schwester des berühmten Gotteshauses in Sachsens Hauptstadt. Dieses war wohl Vorbild für Christian Gotthelf Reuther beim Bau des Kirchleins in der Zeit zwischen 1776 und 1779. In der Weihinschrift über dem Eingang ist zu lesen: »Zur Ehre Gottes und zum Heil der Menschen«. Für die Bergleute war die Kirche immer ein Zeugnis der Frömmigkeit. Und so steht auf der Wetterfahne eine aus Bronze gegossene Bergmannsfigur – ein Hinweis auf den Zinnbergbau, dem Seiffen seine Entstehung verdankt.

Als wir die Kirchentür öffnen, dringt Musik zu uns heraus. Der Große Gospelchor des Erzgebirges probt. Die Frauen und Männer treffen sich einmal im Jahr als Verein auf Zeit und üben sechs Wochen lang für ein Projekt, mit dem sie jedes Jahr im Frühling in verschiedenen Kirchen der Umgebung auftreten. Schwarze Kleidung, kombiniert mit einem großen roten Schal, das ist ihr Erkennungszeichen, und so legen sie sich auch heute wieder mächtig ins Zeug. »Es kommt gar nicht so sehr auf die Stimme an, das Miteinander ist entscheidend. Und die christliche Botschaft, die wir herüberbringen wollen, vor allem für junge Leute«, erklärt uns Christian Werner, der Initiator des Projekts »Großer Gospelchor«. Und während er zur Kirchentür geht, ruft er noch: »Ich muss wieder los, wir sehen uns nachher in der Werkstatt!« Schon ist der große, schlaksige Mittfünfziger mit den halblangen dunklen Haaren und der modernen Brille wieder weg. Von Berufswegen ist er Reifendreher, einer der letzten seiner Zunft. Ihm wollen wir am Nachmittag über die Schulter schauen.

Jetzt werfen wir einen Blick in die Bergkirche. Die achteckige Grundform ist auch innen gut zu erkennen. Aus der Erbauungszeit stammen der für sächsische Barockkirchen typische Kanzelaltar und die beiden Beichtstübchen links und rechts vom Altar. Ende des 18. Jahrhunderts wurde die Westempore erweitert, um Platz zu schaffen für die erste Orgel. Weil die Erzgebirgler schon immer fromme Leute waren, wurde es immer enger im Kirchlein. Also baute man 1833 zwei Logen und eine umlaufende Empore im Altarraum und schuf so Platz für fünfhundert Gläubige. Im Altarraum gibt es zwei Wappen. Sie erinnern an eine Adelsfamilie, die hier lange als Kirchenpatron wirkte, die Schönbergs von Schloss Purschenstein.

Langsam gehen wir zum Ausgang der kleinen Kirche, die durch das weiße Interieur einen warmen, freundlichen Eindruck hinterlässt. Und was entdecke ich beim Rausgehen: Über der Tür wachen Bergmann und Engel mit ihren Lichtern in der Hand! Übrigens wurde die Seiffener Kirche bis 1959 fast ausschließlich von Kerzen beleuchtet. Wie romantisch! Vielleicht ist das ja ein Grund dafür, dass das Gotteshaus eine gefragte Hochzeitskirche ist.

Auf dem Weg zur Werkstatt von Christian Werner machen wir einen Zwischenstopp in einem der vielen Kunstgewerbeläden. Drinnen kann man kaum treten, und die Schlange an der Kasse ist lang. Da ist es ratsam, schon draußen das Schaufenster genau zu inspizieren und möglichst eine »Vorauswahl« zu treffen. Gedacht, getan: Ich entscheide mich für ein mittelgroßes Modell der Seiffener Kirche. Mit einer kleinen elektrischen Glühlampe im hölzernen Bauch wird sie künftig zu Hause meine Adventsstube »erleuchten«. Und ich weiß, dass ich nicht der einzige Käufer bin, der diese Wahl getroffen hat. Die Bergkirche ist eines der beliebtesten Motive in der Erzgebirgischen Volkskunst!

In mehr als einhundert Schauwerkstätten und privaten Handwerksbetrieben entstehen in Seiffen die schönsten großen und kleinen Holzkunstwerke, die den Ort zu dem gemacht haben, was er heute ist und wofür es weltweit Anerkennung und Bewunderung gibt: Das Spielzeugdorf im Erzgebirge!

In einer dieser Manufakturen sind wir nun verabredet mit Christian Werner und mit »Dusdav«! Wie verrückt wirbeln die Holzspäne durch die Luft. Die Drehbank läuft gleichmäßig und erfüllt den Raum mit dem typischen laut surrenden Geräusch. Christian Werner kneift die Augen zusammen, die jetzt durch eine große Arbeitsbrille geschützt werden, und seine Haare sind unter einer langen Zipfelmütze verschwunden. Geschickt dreht er den Fichtenholzreifen so, dass er später das gewünschte Tierprofil herausarbeiten kann, einen Elch, der irgendwann auf den Namen »Dusdav« getauft wurde …

Wie das? Werner erzählt: »Vor einigen Jahren hieß es, in unserer Gegend sei ein Elch aufgetaucht. Das war für uns Anlass, neben den vielen anderen Tieren wie Pferden, Ochsen, Eseln usw. auch einen Elch anzubieten. Nach einem Besuch des Gottesdienstes habe ich das unserem Pfarrer erzählt. Anschließend fragte mich dessen kleiner Enkel, der aufmerksam zugehört hatte: ›Stimmt's, den nennst Du dann Dusdav, so heißt schon unser Kater.‹ Alle lachten, denn der Stubentiger hieß natürlich Gustav. Aber wenn man erst vier Jahre alt ist, dann will die Zunge beim Sprechen manchmal noch nicht so, wie sie soll.«

Doch das D, das eigentlich ein G im Elch-Namen ist, ist nicht das einzige Alleinstellungsmerkmal! Dusdav wurde Weltenbummler und Glücksbringer der sächsischen Olympiateilnehmer von Vancouver 2010. Mit ihm als offizielles Maskottchen im Gepäck gab es einiges Edelmetall …

Unsere Elchfiguren-Rohlinge hat Christian Werner mit Hammer und Messer wie Scheiben vom Holzreifen abgespalten und in ihrem typischen Profil freigelegt. Sie werden dann beschnitzt, bevor sie Zubehörteile bekommen, also Geweihschaufeln, Schwänze und Ohren. Schließlich werden die Gesichter gemalt und selbstverständlich auch ein rotes Mäntelchen. »Dusdav« und Co. sollen ja nicht frieren in den tiefen Wäldern des Erzgebirges.

Die Rentierexemplare, die es bereits ins Seiffener Spielzeugmuseum geschafft haben, stehen dort hoch, warm und trocken! Und sie befinden sich in bester Gesellschaft: Auf drei Etagen werden rund fünftausend Exponate präsentiert, darunter auch viele große und kleine Holztiere. Und die wiederum bevölkern die riesige Weihnachtspyramide im Erdgeschoss des Hauses. Da haben es Eltern und Großeltern unter den Besuchern gar nicht so leicht, ihre Jüngsten davon abzuhalten, eine Runde mitzufahren.

Die Geschichte des Erzgebirgischen Spielzeugmuseums beginnt mit der Holzspielwaren- und Holzwarenausstellung, die vom 9. Juli bis zum 3. August 1914 in Seiffen stattfand. Zum Eintrittspreis von 50 Pfennigen, Kinder bezahlten die Hälfte, konnte beispielsweise eine Arche Noah mit dreihundert Tieren bewundert werden. Auch Erzeugnisse des Reifendreher-Handwerks wurden gezeigt, das damals nur hier im Ort in einer Zwangsinnung ausgeübt wurde. Organisiert hatte das alles der Seiffener Pfarrer Hermann Härtel zusammen mit dem Bezirksgewerbeverein, dessen Vorsitzender er viele Jahre lang war.

Heute, so ist im Museum zu erfahren, soll das gesamte erzgebirgische Spielzeuggebiet vorgestellt werden. Dazu zählt auch der böhmische Teil. Die ältesten Ausstellungsstücke stammen aus der Zeit um 1800 – echte Kostbarkeiten alter weihnachtlicher Volkskunst! An ihrem Beispiel wird dem Besucher ein Eindruck vermittelt von der Seele der erzgebirgischen Lichterweihnacht. Man erfährt, dass vor allem die ausgestellten Archen schon um 1880 als wichtige Exportartikel nach Übersee galten. Interessant auch die Musterblätter, Preisbeispiele und Warenverzeichnisse vergangener Zeiten, die in den Vitrinen ausgehängt sind. Sie belegen die historische Bedeutung und die Arbeitsweise der Spielwarenverlage und die internationalen Verknüpfungen, die es im »Spielzeugwinkel« schon immer gab.

Jetzt, am späten Nachmittag, strömen immer neue Besucher ins Museum. Ich muss schon fast ein bisschen drängeln, um die zauberhaften Spielzeugminiaturen noch richtig betrachten zu können. Kleine Weihnachtskrippen in einer Streichholzschachtel oder in Walnussgröße gefallen mir am besten.

Wir sind wieder draußen, fahren noch ein Stück weiter Richtung Kammweg und haben nun einen wirklich märchenhaften Blick auf das Spielzeugdorf. Es ist dunkel geworden. Die angezündeten schwarz-bunten Laternen mit den Scherenschnittmotiven markieren Wege und Straßen. Und in den Fenstern der Häuser stehen Schwibbögen und Bergmann-Engel-Lichterpaare einträchtig nebeneinander. »Das gibt es doch nicht«, sagt der Kameramann. »Die Frau von heute Vormittag hatte recht, es fängt an zu schneien…«

Mein Tipp:
Fahren Sie nach dem Besuch des Erzgebirgischen Spielzeugmuseums unbedingt mit der Bimmelbahn noch hinaus an den Stadtrand zum Freilichtmuseum, das 1973 als Abteilung des Spielzeugmuseums eröffnet wurde und sich als volkskundlich-historisches Museum versteht. Hier gibt es in verschiedenen Häusern, Werkstätten und Gebäudekomplexen erzgebirgisches Alltagsleben des 19. und frühen 20. Jahrhunderts zu erleben. Da wären zum Beispiel ein Bergmannswohnhaus, ein Flößerhaus, das Preßlersche Wasserkraftdrehwerk aus dem 18. Jahrhundert, eine Köhlerei, ein Spielzeugmacherhaus aus dem 19. Jahrhundert oder das Dorfspritzenhaus. Alle Häuser, Scheunen, Schuppen und technischen Anlagen stammen aus der Region Mittleres Erzgebirge.

Wenn Sie das Seiffener Highlight nicht verpassen wollen, dann kommen Sie zum Weihnachtsmarkt, der am 1. Adventssamstag mit einem Festumzug eröffnet wird. Oder Sie warten bis zum 3. Adventssamstag und erleben dann die große Bergparade, an der viele Knappschaften mitwirken.

Bergkirche
  Deutschneudorfer Straße 3,
  09548 Seiffen, Mo–Sa 11–15 Uhr,
  So 13–15 Uhr
Reifendrehwerk Christian Werner,
  An der Binge 5, 09548 Seiffen,
  Tel. 037362 82 59
Spielzeugmuseum
  Hauptstraße 73, 09548 Seiffen,
  täglich 10–17 Uhr

Freilichtmuseum mit Reifendrehwerk
  Hauptstraße 203, 09548 Seiffen,
  Sommer 10–17 Uhr, Winter
  10–16 Uhr (witterungsabhängig)
Tourist-Information Seiffen
  Hauptstraße 73, 09548 Seiffen,
  Mo–Fr 10–16 Uhr,
  Sa 10–14 Uhr

Stolpen

Warum ist sie geblieben und hat die Festung nicht einfach verlassen, nachdem der sächsische Hof 1743 ihre Verbannung aufgehoben hatte? Diese Frage geht mir durch den Kopf, als wir uns, von Dresden kommend, Stolpen nähern und das Panorama der Burganlage auftaucht. Cosels Schicksalsort! Wie oft wurde diese Frage schon gestellt? Eine Antwort gibt es bis heute nicht, weshalb die Gräfin nach 27 Jahren Arrest bis zu ihrem Tode hier blieb. Weitere 22 Jahre, nunmehr freiwillig ...

Das macht den Ort Stolpen noch geheimnisvoller. Wir werden dranbleiben, am Schicksal der berühmtesten Mätresse von Sachsenkönig August dem Starken, denn wie die meisten Gäste der Stadt sind auch wir ihretwegen hier.

Dabei hat das Städtchen viel mehr zu bieten. So kann zum Beispiel die Burg, lange vor Cosel, eine interessante Geschichte vorweisen. Auf einem Basaltfelsen errichtet, wurde sie schon im Jahr 1222 das erste Mal urkundlich erwähnt und war im Besitz der Bischöfe von Meißen. Die verlegten im 15. Jahrhundert ihre Residenz von Meißen auf die Burg Stolpen. Und das bedeutete für die angrenzende Siedlung gute Chancen, sich zur Stadt zu entwickeln. Schließlich wurde Stolpen zum Zentrum des wichtigsten meißnischen Stiftsterritoriums. Bischof Dietrich III. von Schönberg ließ um 1470 die Stadtmauer bauen, und Bischof

Johann VI. von Saalhausen gab 1503 der Stadt eigene Statuten. 340 Jahre lang regierten 24 Würdenträger als Reichsfürsten über das Stolpener Land. Im Reformationszeitalter zwang Kurfürst August von Sachsen in einer kriegerischen Fehde den letzten Meißener Bischof, ihm das Amt Stolpen zu überlassen. Fortan waren Stadt und Burg kursächsisch.

All das erfahren wir bei einem Rundgang über das Burggelände. Dafür muss man etwas mehr Zeit einplanen, immerhin sind hier vier Innenhöfe (Folterkammer eingeschlossen!) und vier Türme zu erkunden. Der Schösserturm, der Seigerturm, der Siebenspitzenturm und der Johannisturm, auch Coselturm genannt, denn in dem hat die berühmte Gefangene gewohnt.

Doch bevor wir uns in Cosels Gemächer begeben, schnell noch einen Blick in 84 Meter Tiefe werfen! So weit nämlich ist der Burgbrunnen in den Berg hineingetrieben. Damit ist er der tiefste Basaltbrunnen der Erde, der sein Wasser auch im Basalt fasst. Vier Bergleute aus dem Osterzgebirge teuften ihn. Eine schwere Arbeit, die insgesamt 24 Jahre dauerte. Die Bergmeister hatten keine geologische Kenntnis und wussten nicht, ob man überhaupt jemals auf Wasser stoßen würde. Dann endlich, im Januar 1628, sprudelte ein erstes Rinnsal. Der Kurfürst ließ es sich nicht nehmen, selbst in den Brunnen einzufahren, um das schier Unfassbare zu sehen.

Womöglich hat die Cosel während ihrer Gefangenschaft so manches Mal verzweifelt in den Brunnen hineingeschaut. Obwohl es ihr, Berichten zufolge, auf Stolpen an nichts mangelte. Die Wohnräume im Johannisturm sind noch zu besichtigen, nehmen sich allerdings eher bescheiden aus: Wohnzimmer, Küche und Schlafgemach. Aber hier zog die Gräfin auch erst ein, als sie eigentlich hätte gehen können, im schon erwähnten Jahr 1743! Bis dahin wohnte sie im extra ausgebauten Zeughaus und hielt dort auch Hof. August der Starke überließ seiner ehemaligen Mätresse deren gesamten Besitz. Sie bezog weiterhin Einnahmen aus ihren Landgütern. Nach damaligen Akten zu urteilen, belief sich ihr Vermögen auf mehr als 500 000 Taler. Arme, reiche Frau!

Anna Constantia von Cosel, so ihr vollständiger Name, war eine schöne, kluge Frau, die es verstand, ihren Einfluss auch in der Politik geltend zu machen. Mit dem Sachsenkönig hatte

sie drei Kinder, und sie hatte August ein schriftliches Eheversprechen abgerungen. Doch als die Gräfin sich zu sehr in die Staatsangelegenheiten des Kurfürsten und Königs von Polen einmischte, wurde sie »abserviert«, um es einmal hässlich und wenig majestätisch auszudrücken. Schließlich wurde sie bei Halle an der Saale gefangen genommen und kam im Dezember 1716 auf die Burg Stolpen. Ihre Kinder wurden während ihrer Gefangenschaft am Dresdner Hof fürstlich erzogen, bestens versorgt und später standesgemäß verheiratet. In den so genannten Coselturm zog sie erst, nachdem ihre hiesige Residenz, das Zeughaus, durch einen Blitzschlag niedergebrannt war.

Wir verlassen den Turm und gehen im Freigelände der Burg zum Eingang der ehemaligen Kapelle. Dort hat die Reichsgräfin von Cosel nach ihrem Tod am 31. März 1765 ihre letzte Ruhe gefunden. Sie wurde 84 Jahre alt.

Hin und wieder soll es ja in alten Gemäuern heftig spuken! Auf Stolpen nimmt Basaltus, der Burggeist, diese Aufgabe wahr. Sehr zur Freude der kleinen und großen Besucher, wie das erschrockene Juchzen der Gruppe zeigt, mit der wir in die Burgkeller hinab gestiegen sind. Hier treibt Basaltus sein (Un-)Wesen und zeigt sich gern für eine kleine Abgabe von zehn Cent, obwohl er nicht käuflich, aber eben bestechlich ist, wie er versichert. Ein schönes kleines Spektakel für Gäste und Touristen.

Als wir die Kellergewölbe verlassen, begrüßt uns strahlender Sonnenschein auf dem mittleren Burghof. Und weil die Fernsicht nun besonders gut ist, müssen wir unbedingt noch zum Fürstenplatz, dem höchsten Aussichtsplateau im ältesten Teil der Burg. Das hat sich gelohnt: Der Blick reicht über die Stadt, die Sächsische Schweiz, bis nach Böhmen.

Wir schlendern Richtung Ausgang und werfen noch einmal einen Blick auf den Johannisturm, dem erzwungenen Zuhause der Gräfin Cosel. Der Wohnturm ist das am besten erhaltene Bauwerk der Burganlage und war Anfang des 16. Jahrhunderts erbaut worden. Nachdem wir das Hauptportal der Anlage passiert haben, folgt noch ein kleinerer Hof, der auf der gegenüberliegenden Seite durch das Kornhaus mit einer großen Tordurchfahrt begrenzt wird. Der Gedanke, dass hier überall Wachposten aufgezogen waren, ist bedrückend: Hier gab es kein Entkommen.

Die Festung liegt hinter uns und vor uns die Schlossstraße, die zum Stolpener Markt führt. Kindheitserinnerungen werden wach, keine schönen: Als Fünfjähriger habe ich hier, zusammen mit meiner Mutter und meiner Schwester, einen riesigen Feuerschein gesehen. Vom 25 Kilometer entfernten Dresden flackerte es bedrohlich vor dunklen Wolken. Tagsüber hatten wir noch Spaß gehabt bei einer kleinen, bescheidenen Faschingsfeier, die für uns Kinder, trotz des Krieges, organisiert worden war. Und dann, am Abend des 13. Februar 1945, begannen die Engländer ihre Brandbomben auf Dresden abzuwerfen. Im Verbund mit den Amerikanern legten sie in den nächsten zwei Tagen und Nächten die Stadt in Schutt und Asche. Auch wenn ich damals das Ausmaß des Grauens nicht ermessen konnte, das Entsetzen im Gesicht meiner Mutter ist mir sofort gegenwärtig, wenn ich an diesen Faschingsdienstag-Abend denke.

Dennoch waren die Jahre meiner Kindheit in Stolpen schön. Meine Großeltern wohnten am Markt 12 und besaßen einen kleinen Kurzwarenladen. Die Oma hatte Hutmacherin gelernt, und so vervollständigten modische Kopfbedeckungen das Angebot, soweit es die Möglichkeiten der Nachkriegszeit zuließen. Für mich waren die Aufenthalte zwischen Wolle, Zwirn, Nähnadeln und Damenhüten wunderbar und aufregend! Am besten waren die Nachmittage, wenn zur Kaffeezeit Marmeladenbrote und für uns Kinder ein Gemisch aus Fruchtsirup und Leitungswasser gereicht wurden.

Dass sich das bis zu den Russen herumgesprochen hatte, die nach dem Krieg auch in Stolpen einmarschiert waren, ist unwahrscheinlich. Trotzdem kann ich mich ganz genau an folgende Begebenheit erinnern: In der Mitte des Marktplatzes war einer der sowjetischen Panzer stehen geblieben. Die Soldaten kletterten heraus und kamen mit einem großen Wassereimer auf unseren Laden zu. Die zitternde Hand, die mir die Großmutter auf meine Schulter legte, spüre ich heute noch. Wortlos bauten sich die Männer mit den großen Stiefeln vor ihr auf und forderten: »Limonad!« Der Eimer wurde mit Fruchtsirup und Leitungswasser gefüllt und mit einem knappen »Spassibo« verließen die Uniformierten unseren Laden.

Bis zur 2. Klasse bin ich in Stolpen zur Schule gegangen, dann zog die Familie nach Großenhain. Dort gab es Wohnraum und Arbeit für meinen Vater.

Bei einer Riesenbratwurst vom Holzkohlegrillstand auf dem Markt habe ich meinen Kollegen die Geschichte vom »Iwan«, wie die Russen damals allgemein genannt wurden, erzählt. Und heute? Da parken in den Straßen von Stolpen Autos aller Größen und Schattierungen mit Kennzeichen aus Hamburg, München, Köln, Görlitz und sonst woher, aus denen Urlauber aussteigen und sich auf Sightseeing-Tour begeben.

Wir schließen uns an und brauchen nicht weit zu gehen: Der Marktplatz ist die erste Sehenswürdigkeit. Er steht unter Denkmalschutz und »weist die ostmitteldeutsche quadratische Form auf«, wie in dem kleinen Stadtführer zu lesen ist, den ich in der Tourist-Information am Markt gekauft habe. Sechzig mal sechzig Meter groß ist er, mit einem Höhenunterschied von sieben Metern. Ganz schön schräg! Aber sehenswert, schon wegen der sanierten Bürgerhäuser aus dem 19. Jahrhundert, die jetzt wieder ein geschlossenes bauliches Ensemble bilden. Im Gebäude mit der Hausnummer 2 befindet sich seit ewigen Zeiten die Löwenapotheke, eine der ältesten Apotheken im Landkreis.

Am imposantesten ist das ehemalige Amtshaus auf der Südseite. Durch ein prächtiges Portal, über dem das kursächsische Wappen prangt, kommt man hinein in das dreistöckige Haus, das heute Stadtmuseum ist.

Ein Blick hinter die Fassaden verrät, dass im Laufe der Zeit so einige Prominente in Stolpen Quartier nahmen. General Blücher beispielsweise logierte während der Befreiungskriege am Markt 26. Und auch Napoleon Bonaparte übernachtete mit seinen Generälen und Offizieren in diesem Haus. Das war am 25. August 1813.

Wenn wir schon bei berühmten Namen sind, dann sollten auch die genannt werden, die hier nicht nur auf der Durchreise waren! Da fällt mir der eines berühmten Orgelbauers ein: Christian Gottfried Herbrig. Ab 1830 erscheint er im Ortsteil Stolpen-Altstadt als »Erbeinwohner« mit der Standesbezeichnung »Orgelbauer«. Und natürlich baute er für die Altstädter Kirche eine neue Orgel. Bauzeit zwei Jahre, von 1854 bis 1856. 150 Jahre später wurde das historische Instrument mit Manual und elf klingenden Stimmen restauriert. Das größte erhalten gebliebene Instrument von Herbrig und Sohn ist eine zweimanualige Schleifladenorgel mit zwanzig klingenden Registern in der Kirche im Stolpener Ortsteil Langenwolmsdorf. 1871 wanderte der junge Herbrig mit seiner Familie nach Amerika aus. Einer seiner Nachkommen wurde dort ein angesehener Geigenbauer. Inzwischen gibt es in Stolpen eine Arbeitsgruppe der Kulturwerkstatt, die das Andenken an die berühmten Orgelbauer bewahren will. Ihre Mitglieder laden jedes Jahr im Mai und im September zu Konzerten auf der Altstädter Orgel ein. Und sie begründeten eine

Herbrig-Orgelstraße! Die verbindet die wichtigsten Orte, in denen die Herbrigs lebten und arbeiteten. Zur Route gehören auch neun Kirchen in der Umgebung von Stolpen, in denen Herbrig-Instrumente erklingen.

Am Abend des Drehtages haben meine Kollegen eine schöne Neuigkeit für mich: Weil wir in Stolpen übernachten werden, haben sie uns für eine Stadtführung mit dem Stadtwächter angemeldet. 21.21 Uhr treffen wir uns mit ihm und weiteren Gästen an der Postmeilensäule auf dem Marktplatz zu einer Nachtwanderung mit Überraschungen. Ob wir da auch Gräfin Cosel treffen …

Mein Tipp:
Eine Nachtwanderung ist eine tolle Sache, aber es geht natürlich auch schon tagsüber: Da werden folgende Stadtführungen angeboten: »Burgstadt Stolpen im Überblick«, ein geführter Rundgang durch das malerische Städtchen, der etwa eine Stunde dauert. Oder Sie erleben eine romantische Fackelwanderung durch Stolpen und über das Burggelände. Genaue Informationen dazu gibt es unter www.burghotel-stolpen.de. Wenn Sie Lust haben auf einen Stadtspaziergang mit der Gräfin Cosel, dann sollten Sie eine Stunde einplanen und vorher auf folgender Seite im Netz nachschauen: www.martinazellmer.de. Sie möchten mehr wissen über den Stolpener Basalt? Dann gehen Sie auf die Burg und steigen hinab in die Gewölbetonne im Tiefkeller. Hier ist eine speziell auf das Naturdenkmal Stolpener Basalt zugeschnittene Schau zu sehen, in der man sich aus geologischer Sicht ausführlich mit dem kulturgeschichtlich bedeutenden Ort vertraut machen kann.

Burg Stolpen
    Schlossstraße 10, 01833 Stolpen,
    Apr.–Okt.: täglich 10–18 Uhr,
    Nov.–März: Di–So 10–16 Uhr
Stadtmuseum Stolpen
    Markt 26, 01833 Stolpen,
    Di–So 14–16 Uhr

Altstädter Kirche Stolpen
    Kontakt: Uwe Zierke/Kulturwerk-
    statt Stolpen e. V. unter
    Tel. 0351 2 68 43 62 oder
    info@kulturwerkstatt-stolpen.de
Tourist-Information
    Markt 5, 01833 Stolpen,
    Apr.–Okt.: Mo–Fr 10–18 Uhr,
    Sa 10–12 Uhr

Struppen

Wie kam die Sächsische Schweiz eigentlich zu ihrem Namen? Das hat das felsenreiche Gebirge wahrscheinlich den Romantikern zu verdanken, den Malern der Dresdner Akademie. Sie entdeckten einst den Wanderweg ins Elbsandsteingebirge. Und ganz vorn wanderten die Schweizer Adrian Zingg und Anton Graff! Die beiden schwärmten allerorten in den höchsten Tönen von den landschaftlichen Reizen dieser Gegend. So war die »Sächsische Schweiz« bald in aller Munde und die künstlerische Avantgarde halb Europas machte sich auf den Weg ins Elbsandsteingebirge …

Kein Wunder also, dass die bizarre Felslandschaft vom Ende des 18. Jahrhunderts bis weit in das 19. Jahrhundert ein gefragtes Motiv in der bildenden Kunst, der Literatur und der Musik wurde. Caspar David Friedrich ließ sich unter anderem für sein Gemälde »Wanderer über dem Nebelmeer« inspirieren. Carl Maria von Weber fiel die Musik zu seinem »Freischütz« ein, und Richard Wagner erschienen Teile vom »Lohengrin«. Sie alle waren in diesem unverwechselbaren Gebirge unterwegs, das südöstlich von Dresden beginnt und sich entlang der Elbe zu beiden Seiten des Flusses zieht.

Wir wollen es ihnen gleich tun und begeben uns auf den Wanderweg, der jetzt in den Tourismusheften und auf den

Wegweisern mit einem geschwungenen großen »M« gekennzeichnet ist, auf den »Malerweg«!

Er ist einer der schönsten Wanderwege Deutschlands und führt über 112 abwechslungsreiche Kilometer einmal quer durch die Sächsische Schweiz. Los geht es in Pirna-Liebethal, von dort bis zur tschechischen Grenze und auf der anderen Elbseite zurück nach Pirna, das Ganze in acht Tagesetappen, die zum Teil schon den ganzen Mann bzw. die Frau fordern. Immerhin sind sie eingeteilt in »mittelschwer« bis »anspruchsvoll« und geben ein Pensum von elf bis achtzehn Kilometern vor! Das kann der geübte Wanderer selbstverständlich nach individuellen Wünschen kombinieren, verkürzen oder verlängern.

Wir steigen bei Weißig auf der siebenten Etappe ein. Nicht, weil wir schwächeln oder etwa faul sind, sondern weil wir ohne große Umwege direkt und möglichst rasch in die Gemeinde Struppen kommen wollen. Ich gebe zu, das ist eigentlich nicht im Sinne des Erfinders, aber wir haben ja auch nur das »halbe« Wandervergnügen, die andere Hälfte heißt arbeiten, also drehen...

Die »ordentlichen« Wanderer beginnen Etappe 7 im Kurort Gohrisch und kommen über den Muselweg, den Jagdsteig, den Königsweg und den Alten Schulweg nach Pfaffendorf. Dort erklimmen sie ein felsiges Nadelöhr und schaffen über Holz- und Eisentreppen den steilen Aufstieg auf den Pfaffenstein. Dann ist ein bisschen Erholung angesagt, bevor es bergab geht. Über den Klammweg erreichen sie den Sportplatz von Pfaffendorf und kommen schließlich in den Ort Königstein. Wer hier genügend Zeit, etwa zwei Stunden, eingeplant hat, besichtigt natürlich die Festung Königstein.

Eilige wie wir wandern auf der alten Festungsstraße und dem Kanonenweg nach Thürmsdorf, einem Ortsteil von Struppen. Vorbei am Alten Schloss, geht es nun am Waldrand entlang bis nach Weißig. Hier beginnt die achte und letzte Etappe des Malerwegs.

Wieder kürzen wir ab und biegen, vom Gratweg kommend, hinter Wehlen-Pötzscha ab nach Naundorf, dem Ortsteil von Struppen, in dem wir uns genauer umsehen und dem Maler Robert Sterl einen Besuch abstatten wollen.

»Naundorf liegt in einer Bachsenke am Fuße der Bärensteine und grenzt direkt ans Elbtal bei Stadt Wehlen. Unterhalb des Dorfes fällt der Hang steil in das Elbtal ab«, lese ich im Wanderheft und stelle mich auf eine längere Kletterpartie ein. Also gut, klettern ist zu viel gesagt, aber sie führt schon konsequent bergan, die Robert-Sterl-Straße.

Wir sind alle ein wenig außer Atem, als wir die abseits gelegene Siedlung Pötzscha erreichen, und freuen uns über das hübsche »Knusperhäuschen«, das zum Vorschein kommt, als die Straße eine Biegung macht. Ein mit roten Ziegeln gedecktes spitzes Dach; kleine Fenster mit Sprossen, die von grünen Fensterläden umrahmt werden; ein kleiner Vorgarten, begrenzt durch einen Holzzaun – auf den ersten Blick denkt man, vielleicht hat sich eine junge Familie das Haus schön gemacht und lebt jetzt hier. Oder: Ein Rentnerehepaar genießt in dem kleinen Einfamilienhaus seinen Ruhestand, inklusive wunderbarem Ausblick auf das Elbtal. Weit gefehlt! Einer der bekanntesten Maler des Impressionismus war es, der 1919 das Haus gekauft hat und hier zusammen mit Ehefrau Helene bis zu seinem Tode lebte und arbeitete. Jetzt ist es ein Museum.

Bevor wir hineingehen, bittet uns der Chef, Dr. Andreas Quermann, in den Garten hinter dem Haus. Aus der kurzen Verschnaufpause wird eine Stunde, in der wir viel über den Künstler erfahren, der hier Zeit und Muße gefunden hat. Zeit, die er brauchte, um den Arbeitstag an der Kunstakademie in Dresden hinter sich zu lassen, wo er seit 1906 eine Professur innehatte. Und Muße, um selbst als Maler und Grafiker Neues zu schaffen. Und so wurde es wohl ein Ritual, dass Sterl, wenn er mit dem Zug aus Dresden gekommen war, zum Feierabend die Ruhe und die Natur in seinem Garten genoss. Nachmittage und Abende voller Ideen waren das, denn bald ließ er das Haus nach eigenen Entwürfen erweitern und bat den Meissner Architekten William Becker, an das Wohnhaus ein großzügiges Atelier anbauen.

Zeit für uns hineinzugehen, ins Allerheiligste des Meisters. Durch das große Fenster an der Nordseite des Ateliers fällt gleichmäßiges Tageslicht. Auf der Staffelei steht ein Selbstbildnis, noch nicht fertig. In greifbarer Nähe die Malpinsel und Paletten… Es hat den Anschein, als machte Robert Sterl eine Pause und sei durch den Ateliergang ins höher gelegene Wohnhaus gegangen. Mit diesem Übergang sollte eine Distanz zwischen Arbeit und Privatleben geschaffen werden.

Wir bleiben noch im Atelier und betrachten einige der bekanntesten Sterl-Gemälde, die hier zu sehen sind. 1908 entstand das Bild »Ernst von Schuch dirigiert das Orchester«. Es zeigt den Freund des Malers, den Dirigenten, während der Arbeit mit seinen Musikern vom Orchester der Dresdner Hofoper. Auch die Naundorfer »Kirschzweige« aus dem Jahr 1920 sind hier zu finden. Und die »Steineklopferin«, die 1907 gemalt wurde und zu den Hauptwerken des Impressionisten zählt. Noch einmal schauen wir Robert Sterl ins Gesicht. Schmal ist es, was durch den Spitzbart noch betont wird. Trotz ernster Miene wirkt er freundlich und aufgeschlossen auf dem Selbstbildnis, das auf der Staffelei steht und ihn bei der Arbeit zeigt. 1927 hat er es gemalt. Es blieb unvollendet…

»Kommen Sie doch ins kleine Wohnzimmer«, ruft uns Andreas Quermann, »das ist der sonnigste Raum im Haus. Und in diesem soll sich seine Frau am liebsten aufgehalten haben. Hier organisieren wir regelmäßig Sonderausstellungen. Großen Anklang fanden zum Beispiel die Tierbilder, die Sterl gemalt hat und die zu seinem Nachlass gehören. Besonders beliebt bei den Besuchern: ein Gemälde von Fips, dem Hund des Künstlers.«

Von Fips finden wir schnell in die Küche und damit zurück

zur Dame des Hauses, zu Helene. Wer jetzt auf Rezepte oder originale Einkaufszettel gehofft hat, wird enttäuscht. Bis in die 1980er Jahre wurde das Haus als ganz normales Wohnhaus genutzt. Demzufolge sind von der Hausfrau Helene weder Küchenschrank noch Spüle oder dergleichen erhalten. Aber drei eigens für sie kreierte Vorratsgefäße, die gibt es noch! Sie wurden 1901 in der traditionsreichen Wittgenborner Töpferei angefertigt. Zu bestaunen nun im Empfangsfoyer des Robert-Sterl-Hauses, das dort eingerichtet wurde, wo Helene einst gekocht hat.

Nachdem wir so viel Privates von den Sterls erfahren haben, wollen wir einen genaueren Blick auf das künstlerische Werk des Malers werfen. Neben Max Liebermann, Max Slevogt und Lovis Corinth gilt Robert Sterl als wichtigster Vertreter des deutschen Impressionismus. Seine bevorzugten Motive waren bis etwa 1900 Landschaften. Später schuf er beeindruckende Porträts, Musikerbildnisse und vor allem Darstellungen der Arbeiter in den Steinbrüchen der Sächsischen Schweiz, die so genannten »Steinbrecher-Bilder«. Vielleicht hängt seine Verbundenheit mit den schwer arbeitenden Männern mit seiner Herkunft zusammen: Robert Sterl wurde 1867 als Sohn eines Steinmetzen geboren und besuchte in Dresden die Volksschule. Anschließend studierte er an der Königlichen Akademie der bildenden Künste in Dresden und war später Meisterschüler beim belgischen Historienmaler Ferdinand

Pauwels. Besondere Aufmerksamkeit fanden auch Sterls zahlreiche Reiseimpressionen aus Russland, die während der Wolga-Kreuzfahrten entstanden sind, die er zwischen 1910 und 1914 mit dem Orchester Sergej Kussewitzkys unternommen hatte.

Das Museum bewahrt und pflegt den künstlerischen Nachlass Robert Sterls, der mehr als 2700 Zeichnungen, über einhundert Skizzenbücher, Druckgrafiken und zahlreiche Gemälde sowie private Fotografien und den Briefwechsel des Künstlers umfasst. Das Archiv dient wissenschaftlichen Studienzwecken.

Das Besondere am Robert-Sterl-Haus von Struppen-Naundorf ist für mich die seltene Gelegenheit, eines der wenigen original erhaltenen Künstlerwohnhäuser in Deutschland besuchen zu können. Einzutauchen in eine andere Zeit und zu entdecken, wie Künstler damals lebten, im frühen 20. Jahrhundert.

Die beinahe familiäre Atmosphäre gefällt offensichtlich auch anderen Besuchern! Als wir uns mit Andreas Quermann noch auf einen Kaffee im Garten treffen, haben sich ein paar Meter weiter junge Leute mit Decke und Picknickkorb im Gras niedergelassen. Sie lesen im Museumsführer und reden über das, was sie gerade erlebt und kennengelernt haben. Lebendiger geht Museum nicht!

Wir sagen Tschüss, nicht ohne die letzte Ruhestätte von Robert und Helene Sterl auf dem Grundstück besucht zu haben. Dann ziehen wir das weiß gestrichene Holztor hinter uns zu.

Wieder auf der Robert-Sterl-Straße, haben wir es nun viel leichter, voranzukommen: Es geht talwärts! Bevor wir wieder an der Stelle sind, an der die Straße eine leichte Kurve macht, schaue ich zurück und bilde mir ein, Sterl stünde an der Gartenpforte und winkte uns zum Abschied...

Wir wandern weiter auf dem Malerweg durch die Sächsische Schweiz, und gleich sind die Gedanken wieder bei Caspar David Friedrich und den vielen anderen, die hier schon lange vor uns unterwegs waren. Die meisten Künstler wählten den selben Weg von Dresden aus ins Gebirge aus Sandstein beiderseits der Elbe. Erst nach dem Bau der Eisenbahn im 19. Jahrhundert geriet die Route allmählich in Vergessenheit. Das änderte sich 2006, als der Tourismusverband mit Partnern aus der Region den heutigen Malerweg wiederbelebte und sich dabei weitgehend an den historischen Verlauf hielt.

So, wie wir jetzt! Und alle Wandererherzen schlagen höher, wenn es die meiste Zeit durch den Wald geht; wenn sich nach engen Schluchten plötzlich ein Stück des riesigen Elbtals zeigt; wenn heiß gelaufene Füße in klare Flüsschen und Bäche getaucht werden können oder wenn der steile, kräftezehrende Aufstieg auf den Berggipfel mit einer atemberaubend schönen Aussicht belohnt wird …

Genug geschwärmt, jetzt sind Sie dran! Festes Schuhwerk, ein bisschen Proviant für unterwegs und vielleicht einen lieben Menschen an der Seite, dann wird's garantiert romantisch auf dem Malerweg!

Mein Tipp:
Wenn Sie Ihre Wanderleidenschaft mit Kulturgenuss kombinieren wollen, dann ist der Ortsteil Thürmsdorf das Richtige. Er liegt gut einen Kilometer östlich von Struppen, am Fuße der Bärensteine. Hauptattraktion ist hier das schlossartige Rittergut mit Park und Rosengarten. Zum Niederknien schön ist dort die Bronzeplastik »Anbetung« des norwegischen Bildhauers Stephan Sinding, die Ansätze des beginnenden Jugendstils erkennen lässt. Nach dem Parkspaziergang können Sie in einem kleinen Café hausgemachte Schokolade genießen!

Und natürlich hat Struppen selbst kulturhistorisch Interessantes zu bieten! In der Kirche befindet sich die älteste Orgel der Sächsischen Schweiz. Das Gotteshaus wurde 1668 erbaut und 1736 erweitert. Es vereint Elemente verschiedener Stilepochen in einem Bau. So ist das Kreuzrippengewölbe des Chors gotisch, der südliche Aufbau vor dem Hauptportal zeigt Renaissanceformen, wieder andere Bauteile stammen aus dem Barock bzw. aus dem 19. Jahrhundert.

Museum Robert-Sterl-Haus
   Robert-Sterl-Straße 30, 01796 Struppen, Mai–Okt.: Do–So 10–17 Uhr
Kirche
   Kirchberg 1, 01796 Struppen, Pfarrer Andreas Günzel, Tel. 035020 7 05 85

Café und Schokoladenmanufaktur
   Am Schlossberg 2, 01796 Struppen OT Thürmsdorf, März.–Okt.: Mo–Fr 10–18 Uhr, Sa/So 11–18 Uhr
Touristinformation Struppen
   Hauptstraße 48, 01796 Struppen

Wurzen

or Wurzen, da wurd's'n schlecht. Und nach Wurzen, da
wurd's'n ooch nich besser!« Mit dieser Albernheit auf Sächsisch habe ich bei unserer Ankunft in der Stadt an der Mulde für
Heiterkeit bei meinen Kollegen gesorgt. Vor allem bei unserer Ton-
Assistentin! Sie ist Mitte zwanzig, kommt »von uns drüben« und
hat sich ausgeschüttet vor Lachen. So steigen wir bestens gelaunt
an den Mühlentürmen am Mühlgraben im Rosental aus und freu-
en uns auf einen sommerlichen Drehtag. Die Türme der Krietsch-
Mühle sind das Erkennungszeichen von Wurzen und machen dem
Dom, dem eigentlichen Wahrzeichen der Stadt, ganz schön Kon-
kurrenz. Dabei wurde St. Marien bereits im Jahr 1114 geweiht, während die Mühlentürme erst in den 1920er Jahren erbaut wurden.
Es sind also richtige Grünschnäbel im Vergleich zum Gotteshaus.
Und dennoch sagt jeder, wenn er sie sieht: Wir sind in Wurzen!

Als die 67 Meter hohen Stahlbetonkonstruktionen errichtet
wurden, hatte der berühmteste Sohn der Stadt Wurzen schon
lange verlassen: Joachim Ringelnatz zog von München nach
Berlin und begann dort seine Karriere als Kabarettist. Und er
heiratete »Muschelkalk«, so nannte er liebevoll seine Frau, die
fünfzehn Jahre jüngere Lehrerin Leonharda Pieper. Für Joachim
haben die Wurzener einen Ringelnatz-Pfad festgelegt, der durch
die Stadt führt und hier an den Türmen beginnt.

Doch bevor wir uns auf den Pfad entlang der touristischen Sehenswürdigkeiten begeben, nehmen wir die Krietsch-Mühle und ihre Türme unter die Lupe. Wobei wir uns jede Sehhilfe sparen können, ragen sie doch nicht nur gewaltig in die Höhe: Mit jeweils 110 Metern sind die Bauwerke auch ordentlich lang und gehen 24 Meter weit in die Breite. Für damalige Verhältnisse sensationell! Auch heute ist es beeindruckend, nach oben zu schauen und zu versuchen, die vielen kleinen Fenster zu zählen, bis das rot gedeckte Schieferdach beginnt. Und ganz da oben leuchten auf einer ovalen Fläche die Buchstaben »WURZENER« – wir befinden uns am Firmensitz eines der erfolgreichsten Nahrungsmittelherstellers in den neuen Bundesländern, der eine gewachsene Tradition fortsetzt.

1847 hatte Johann Friedrich Krietsch die Wurzener Stadtmühle gekauft. Später ließ er die Ölmühle in eine Graupenmühle umfunktionieren und eine Erbsenschälerei einrichten. 1871 brachte Krietsch auch die Neumühle in seinen Besitz. Nach dem Tod des Firmengründers wurde das Unternehmen 1886 in eine Aktiengesellschaft umgewandelt. In den folgenden Jahrzehnten produzierte man hier Brot, Honig- und Pfefferkuchen, Schiffszwieback und andere Dauerbackwaren. Ein neues Kapitel Mühlengeschichte begann Anfang des 20. Jahrhunderts, als 1905 die gleislose Industriebahn Wurzen den Betrieb aufnahm und mit

ihr das Mehl von der Krietsch-Mühle zum Bahnhof transportiert wurde.

Zwölf Jahre später fielen zahlreiche Gebäude einem Großfeuer auf dem Fabrikgelände zum Opfer. Daraufhin wurde der Leipziger Industriearchitekt Max Fricke mit dem Entwurf eines Neubaus für die Mühle beauftragt. Neu errichtet wurde zur gleichen Zeit eine Biscuitfabrik. Und nachdem Mitte der 1920er Jahre auch die am Bahnhof gelegene Roggenmühle abgebrannt war, wurde diese in unmittelbarer Nachbarschaft des Neubaus im Rosental neu erbaut, und zwar optisch so angeglichen, dass sich ein einheitliches bauliches Ensemble ergab. Dies war die Geburtsstunde der beiden Krietsch-Mühlentürme, Wurzens Erkennungszeichen bis heute!

Nach dem Krieg wurden Butterkekse für Offiziere und Angehörige der sowjetischen Militärverwaltung gebacken und Dauerbrot für die Soldaten. Zu DDR-Zeiten traten von hier aus millionenfach »Engerlinge« ihre Reise in die Republik an, die wohl beliebteste Nascherei zu Bierabenden, auf Gartenpartys, bei Kinderfesten oder ganz einfach abends zu Hause vor dem Fernseher! Überall knisterte es beim Griff in die großen Plastetüten, aus denen die Erdnussflips herausgefingert wurden. Ergänzt wurde das Wurzener Sortiment durch Gebäckmischungen, Waffelerzeugnisse, Cornflakes, Schnellkochreis und Instant-Nahrung für Kleinkinder, der so genannten »KI-NA«. Nach der Wende kam für die meisten der 980 Mitarbeiter das Aus: Der größte Lebensmittelhersteller der DDR wurde abgewickelt, aufgelöst.

Heute sind rund hundert Mitarbeiter damit beschäftigt, die unterschiedlichsten »WURZENER« herzustellen. Zum Beispiel Kartoffelchips, Salzbrezeln, Cornflakes, Hülsenfrüchte, Reis, Haferflocken und, und, und ... und natürlich »Engerlinge«! Das alles ist »Oskar-reif«, und so gab es 1999 den »Goldjungen des Mittelstandes« für den Nahrungsmittelhersteller und 2004 den Marken-Award »Bester Marken-Relaunch«. Der alte Krietsch wäre bestimmt mächtig stolz auf seine Nachfolger.

Wir haben uns auf den Weg gemacht zur ersten Station auf dem Ringelnatz-Rundweg im Rosental. Hier ist der Start zu einer einstündigen Wanderung in die Altstadt von Wurzen und zu insgesamt dreizehn Stationen, die durch Stelen mit dem Konterfei des Dichters markiert sind. Einige werden wir jetzt kennenlernen. Schön finde ich die Idee der Stadtväter und der Mitglieder des Ringelnatz-Vereins, nach und nach an den einzelnen Stationen Kunstwerke zu platzieren, Skulpturen, die aus einem Wettbewerb hervorgegangen sind. Außerdem gibt es an jeder Stele eine kleine Leseprobe aus einem der unglaublich vielen Ringelnatz-Gedichte.

Schon auf dem Weg in die Innenstadt leuchtet es uns entgegen, in großen Buchstaben, verteilt über die gesamte Hauswand: »Ich habe Dich so lieb! Ich würde Dir ohne Bedenken eine Kachel aus meinem Ofen schenken.« Eine besonders nachhaltige Liebeserklärung der Hausbewohner an den gebürtigen Wurzener Joachim Ringelnatz.

Der erblickte am »7. August 1883 dreiviertel zwölf Uhr mittags im Haus am Crostigall 14« der sächsischen Stadt das Licht der Welt. So hat es die Hebamme auf den Geburtsschein geschrieben und weiter vermerkt: »In einem Zimmer über dem Flur.« Getauft wurde das jüngste Kind der Eheleute Georg und Rosa Marie Bötticher auf den Namen Hans Gustav Bötticher (Joachim Ringelnatz war sein Künstlername, den er sich 1919 selbst gegeben hat). Sein Vater, von Beruf Zeichner, hatte 1875 das Angebot der Wurzener Firma August Schütz angenommen, als Chefzeichner neue Muster für Tapeten zu entwerfen. Bötticher war ein gefragter Fachmann und lieferte Entwürfe nach Paris, Schweden, Russland und Amerika. Später verfasste er humoristische Verse und Kinderbücher und machte das schließlich zu seinem Hauptberuf.

Joachim Ringelnatz eiferte mit seinen ersten literarischen Versuchen dem Vater nach, fühlte sich aber immer durch dessen akademische Bildung und Kontakte zu bekannten Künstlern und Persönlichkeiten eingeschüchtert und zugleich herausgefordert. Der Vater korrespondierte unter anderem mit Emanuel Geibel, Wilhelm Raabe, Adolph von Menzel und Theodor Fontane. 1888 verließ die Familie Wurzen und zog in die nahe gelegene Messe- und Buchstadt Leipzig.

Wir stehen vor Ringelnatz' Geburtshaus in der Muldestadt. Die braune Holztür ist verschlossen. Daneben erinnert eine Gedenktafel an den Künstler. Seine Schwester Ottilie war dabei, als diese Holzschnitttafel 1945 hier angebracht wurde. Vor dem zweistöckigen Gebäude steht eine weitere Stele, die anzeigt: Ihr seid auf dem richtigen Weg, auf dem Ringelnatz-Rundweg! Auch wenn die Ausstellung über den Dichter, Maler und Kabarettisten vor etlichen Jahren ins Kulturhistorische Museum von Wurzen umgezogen ist, lohnt sich ein Blick in die Geschichte des Wohn- und Geschäftshauses. Das Gebäude und das angrenzende Areal mit Stallung und Garten ist ein letztes Beispiel der Stadtgüter, die den Ort über Jahrhunderte prägten. Erste urkundliche Nachweise führen ins Jahr 1511. Zu den Besitzern gehörten Bleicher, Färber und Fuhrleute.

Vom Marktplatz her dringen Geräusche an unser Ohr, die für Fernseh-Ton-Aufnahmen nichts Gutes verheißen: Es wird gehämmert und gebohrt. Bänke werden aufgestellt, wieder verschoben, einen halben Meter weiter abgesetzt und schließlich zwischen den Pflastersteinen festgemacht. Der Markt verwandelt sich in eine Open-Air-Spielstätte für den Ringelnatz-Sommer! Der wartet von Mai bis August eines jeden Jahres mit unterschiedlichen musikalisch-literarischen Veranstaltungen auf und endet traditionsgemäß am 7. August, Ringelnatz' Geburtstag.

Die Handwerker machen Pause, und ich habe Gelegenheit, den folgenden Ringelnatz-Dreizeiler in die Kamera zu sagen: »Humor ist der Knopf, der verhindert, dass uns der Kragen

platzt!« Wohl wahr! Kaum ist der Satz im »Kasten«, sind die Männer zurück, und die ersten Hammerschläge donnern wieder los. Das hindert freilich unseren Kameramann nicht daran, den Ringelnatzbrunnen auf dem Markt von allen Seiten abzulichten. 1983, als Wurzen und die Welt den Hundertsten von Ringelnatz feierten, wurde er eingeweiht. Mit allem drum und dran, und natürlich auch mit den beiden Leipziger Bildhauern, die ihn erdacht und aus Granit erbaut hatten, Dieter Dietze und Hartmut Klopsch. In Stein gemeißelt ist am Brunnen zu lesen: »Überall ist Wunderland«, der Titel eines Ringelnatz-Gedichts. Die Krönung aber ist der Klabautermann, der auf einem Seepferdchen reitet und dem Dichter zum Verwechseln ähnlich sieht.

Nun wird es aber Zeit, beim Kulturhistorischen Museum vorbeizuschauen, der letzten Station der Wanderung. Es beherbergt deutschlandweit eine der größten Ringelnatz-Sammlungen an Autografen, Erstausgaben, Fotos, Gemälden und Grafiken. Wirklich eine eindrucksvolle Dokumentation seiner Lebensstationen. Und ein guter Ort, an dem auch Ausstellungen zu anderen Themen der Geschichte der Ringelnatz-Stadt Auskunft geben. In einer großzügigen Diele werden die Besucher willkommen geheißen. Die fühlen sich dann auch gleich von einer einzigartigen Wendeltreppe aus Eichenholz angezogen, die sie über zwei Etagen ins oberste Stockwerk hinauf gelangen lässt.

Nun sind wir doch etwas vom »rechten Pfad« des Ringelnatz-Rundgangs durch Wurzen abgewichen, denn unser Schlusspunkt ist das Schloss, eigentlich Station Nummer 5 auf der Route. Hinter den alten Mauern wurde ein Hotel eingerichtet, in dem wir es heute vielen Gästen gleich tun und nach getaner Arbeit übernachten werden. Morgen geht es frühzeitig weiter ins Erzgebirge. Aber noch hält sich unsere Autorin mit der Ansage »Drehschluss!« zurück, denn im Schlosshof gibt es noch einmal Ringelnatz: Eine Stele, diesmal mit einem Vierzeiler des Meisters, der den schönen Titel trägt »Der sächsische Dialekt«. Und der geht so: »Wemmer dn sächsschen Dialekt ä bisschen dehnt, ä bisschen schdreckt un schbrichdn noch ä bisschen trahnichr, dann häld en jeder fürn Schbanicher.« Das kann nur von einem waschechten Sachsen mit Weltenbummlererfahrung kommen!

Drehschluss und Auswertung des Tages! »Wie ging das gleich: Vor Wurzen, da wurd's'n schlecht…?« Bis das Essen kommt, üben wir noch mit unserer jungen Kollegin, damit sie beim nächsten Besuch in Hildesheim einen echten Sachsen für die Familie im Gepäck hat…

Mein Tipp:
Als Ausflügler sollten Sie wissen, dass Wurzen an der Grenze von zwei Landschaften liegt: Zwischen der Leipziger Tieflandsbucht und dem Nordsächsischen Porphyr-Kuppen-Hügelland, den Hohburger Bergen.
Für Naturliebhaber und Wanderer hält das Wurzener Land viel bereit, was es zu entdecken lohnt. Charakteristisch sind ausgedehnte Wälder, weitläufige Flussauen, sanfte Hügel, Seen und Schlösser mit schönen großen Parks und Gärten. Und für Blumen- und Pflanzenliebhaber noch ein Geheimtipp: Beim Spaziergang rund um Wurzen aufgepasst: Hier ist die einzige Stelle in Sachsen, an der Sie eine echte »Kuhschelle«, eine Osterblume, finden können. Toi, toi, toi!
Durch die Muldestadt verlaufen der Lutherweg und der wiederbelebte ökumenische Jakobspilgerweg, entlang der Via Regia, gen Santiago de Compostela in Spanien.

Kulturhistorisches Museum mit Ringelnatz-Sammlung
   Domgasse 2, 04808 Wurzen,
   Di–Fr 10–13 / 14–18 Uhr, Sa/So
   11–16 Uhr

Tourist-Information Wurzen
Domgasse 2, 04808 Wurzen,
   Mo–Fr 10–13 / 14–18 Uhr,
   Sa 11–16 Uhr

Zwickau

Die Buden auf dem Weihnachtsmarkt in der Altstadt von Zwickau sind noch geschlossen, und bis die große Pyramide ihre erste Runde an diesem Dezembertag drehen wird, bleibt noch eine Stunde Zeit. Die wollen wir nutzen, um dem berühmtesten Sohn der Stadt »unsere Aufwartung zu machen«. So oder so ähnlich hätte man wohl zu Zeiten Robert Schumanns die Ankündigung eines Besuchs im Geburtshaus des Musikers formuliert.

Der Verleger August Schumann und dessen Frau Christiane hatten das Eckhaus am Hauptmarkt gemietet, in dem am 8. Juni 1810 das jüngste ihrer fünf Kinder, Sohn Robert, zur Welt kam. Zuvor hatte die Familie im thüringischen Ronneburg gelebt, wo der Vater schon ein anerkannter Schriftsteller, Buchhändler und Verleger gewesen war. In Zwickau gründete er zusammen mit seinem Bruder Friedrich das Verlagshaus Gebrüder Schumann. Ein sehr erfolgreiches Unternehmen, wie sich bald herausstellen sollte, das vor allem durch die »Erinnerungsblätter für gebildete Leser« und das achtzehn Bände umfassende »Post-, Staats- und Zeitungslexikon von Sachsen« bekannt wurde.

August Schumann erkannte bald die musischen Begabungen seines Sohnes und sorgte dafür, dass der siebenjährige Robert Klavierunterricht bekam. Da hatte der Knabe schon erste kleine Klavierstücke komponiert! »Ich genoss die sorgfältigste und liebevollste Erziehung«, bekundete er später einmal. Angeregt durch die Arbeit seines Vaters und von der Lektüre in dessen reichhaltiger Bibliothek, übte sich Robert auch im Gedichteschreiben, verfasste Romanfragmente, Aufsätze und führte ein Tagebuch.

Aber schließlich setzte sich doch die Liebe zur Musik durch. Das blieb nicht ohne Folgen, wie wir heute wissen. Als er Klavierunterricht bei Friedrich Wieck in Leipzig nahm, lernte er dessen Tochter Clara kennen, und beide verliebten sich. 1840 konnte er sie dann endlich heiraten, nachdem sich Schumann gerichtlich die Erlaubnis dafür erstritten hatte. Vater Wieck leistete bis dahin erbitterten Widerstand ...

Alles über die Geschichte des wohl berühmtesten Liebespaares der Romantik, über das künstlerische Schaffen der beiden und natürlich über Robert Schumanns Kindheit in Zwickau ist hier im Museum am Hauptmarkt zu erfahren. Anlässlich des 100. Geburtstages des Komponisten war es 1910 gegründet worden. Erster Direktor wurde Martin Kreisig. Ihm gelang es, innerhalb von fast dreißig Dienstjahren eine große und vielfältige Sammlung anzulegen. Dabei kam ihm eine intensive Korrespondenz mit den beiden Schumann-Töchtern Marie und Eugenie zugute, die schließlich zum Ankauf zahlreicher Dokumente führte.

Beim Rundgang durch die acht Ausstellungsräume hat mir der Gedenkraum am besten gefallen, der in Roberts Geburtszimmer eingerichtet wurde. Hier kann der Besucher Robert und Clara ganz nah sein. Instrumente und Mobiliar aus deren Nachlass sind hier zu finden, zum Beispiel Schumanns Schreibtisch mit Zeitschriften- und Notenbänden aus seinem Besitz und die von ihm an dieser Stelle platzierten Büsten und Porträts seiner Vorbilder Johann Sebastian Bach, Georg Friedrich Händel und Ludwig van Beethoven.

140 Besucher finden im Konzertsaal des Hauses Platz, wenn dort Musik erklingt. Und da ist durchaus nicht nur Schumann zu hören! Die Veranstaltungsskala reicht von Alter Musik über Salonmusik bis hin zu Jazz.

Während ich mir noch die historischen Tasteninstrumente des Museums und die beiden modernen Flügel anschaue, dringen weihnachtliche Weisen an mein Ohr.

Wir verlassen das Schumann-Haus, ziehen die alte Holztür hinter uns zu und sind mitten im Gewimmel! Ein Duftgemisch von Zuckerwatte und Glühwein steigt mir in die Nase. Unsere Ton-Assistentin will uns schnell in Weihnachtsmarktstimmung bringen und verteilt die gefüllten Keramiktassen und Watteberge.

Genau genommen ist der Zwickauer Weihnachtsmarkt eine richtige kleine Stadt, eine Budenstadt, die alle Jahre wieder um die 20 Meter hohe Tanne und die große Pyramide in der Altstadt aufgebaut wird. Vom Hauptmarkt führt sie durch die Münzstraße, die Keplerstraße, über den Marienplatz bis hin zum Kornmarkt. Und überall wird gekauft, genascht, gegessen und getrunken. Hier macht die original sächsische Bratwurst im Brötchen der Thüringer Rostbratwurst echte Konkurrenz! Aber beide finden ihre Liebhaber, den Schlangen an den Ständen nach zu urteilen. So ähnlich verhält es sich auch mit den Angeboten von erzgebirgisch-vogtländischer Volkskunst, die neben Christbaum- und Adventsschmuck vom Rennsteig angeboten wird.

Gar nicht weit entfernt, auf dem Domhof, finden wir dann doch eine Besonderheit des Zwickauer Weihnachtsmarktes. Mannshoch stehen sie da, die Figuren, die der Bildhauer und Wahl-Zwickauer Joachim Harbort aus norddeutschem Eichenholz geschnitzt hat: Maria und Joseph und das Jesuskind in der Krippe, dazu Ochs, Esel, der Schäfer und die Herde sowie die

Heiligen Drei Könige. Zusammen wiegen sie vier Tonnen! Ganz schön schwer, vor allem, wenn man ins 1300 Kilometer entfernte Rom reisen soll. So geschehen im Jahr 2010. Damals mussten die Zwickauer auf »ihre« Krippe verzichten, weil sie in der Advents- und Weihnachtszeit im Pantheon in der ewigen Stadt die Besucher faszinierte. Und weil sie auf diesem Wege ein Stück Sachsen in die Welt hinaus trug.

Jo, wie der Künstler unter Freunden genannt wird, erzählt mir, dass die Ausstellung im antiken Rundtempel im Zentrum der italienischen Hauptstadt zustande kam, »weil etwas besonderes aus unserer Region gesucht wurde«. Das sorgte dann selbst bei Radio Vatikan für eine Schlagzeile: »Zwanzig Jahre nach dem Mauerfall zieht ein Stück Ex-DDR ins Pantheon ein. Dass eine solche Krippe einmal eine prominente römische Krippe schmücken könnte, hätten sich die Diaspora-Katholiken aus dem Erzgebirge zu DDR-Zeiten nicht träumen lassen«, wurde berichtet.

Maßgeblichen Anteil am Gelingen dieses »Exports auf Zeit« hatte damals der Bundestagsabgeordnete Michael Luther. In Italien legte sich dafür Don Antonio Tedesco ordentlich ins Zeug. Der Geistliche organisiert seit Jahren die traditionellen Ausstellungen von Krippen im Pantheon. Nach Südamerika, Afrika, Österreich, Bayern und Böhmen war nun Sachsen dran! Harbort schmunzelt und meint: »Man munkelt, dass selbst der Papst damals vorbeigeschaut habe.« Und dann verweist der Bildhauer noch auf seine Lieblingsfigur: »Das ist der Esel. Komischerweise sehen viele Besucher das genauso. Jedenfalls rangiert der graue Vierbeiner ganz vorn, wenn sich Familienväter und Ehemänner posieren für das Erinnerungsfoto vom Weihnachtsmarktbesuch in Zwickau.« Ein Schelm, der Böses dabei denkt …

Wir verabschieden uns von Jo Harbort. Es wird langsam dunkel, und die großen Figuren der Weihnachtskrippe auf dem Domhof sind nun in warmes Scheinwerferlicht getaucht. Obwohl es wieder ein Dezember ohne Schnee und Minusgrade ist, ist uns kalt. Vor allem sind es die Hände unseres Kameramanns.

Also ab ins Warme, ins Johannisbad in der gleichnamigen Straße. Nur zehn Minuten zu Fuß von der Altstadt entfernt. Wir frieren und nehmen das Auto, auch wegen der vielen Technik, die wir dabei haben.

Das große Gebäude aus rotem Backstein haben wir schnell gefunden. Die vielen Fenster sind hell erleuchtet. Es ist also Betrieb in Zwickaus ältestem Hallenbad! Wie erzählt wird, hat hier jeder zweite Einwohner der Muldestadt schwimmen gelernt!

Auf den Stufen im Eingangsbereich stürmt uns eine muntere Schar entgegen, die Rucksäcke flott über die Schulter geworfen und die Wollmützen tief ins Gesicht gezogen. Eines der »Seepferdchen« auf zwei Beinen stolpert über seine schlecht gebundenen Schnürsenkel. »Ist nicht schlimm«, bedankt er sich beim Kameramann, der ihn aufgefangen hat, »dafür habe ich heute meine Schwimmprüfung geschafft!« Das Johannisbad ist also noch immer die »Wiege der Schwimmkunst« für die Zwickauer!

Die freundliche Frau an der Kasse meint, wenn wir uns beeilen, könnten wir noch die Aqua-Gymnastik-Gruppe bei ihrem Programm beobachten. Meine Autorin ist begeistert: Selbst bekennende »Aquarianerin«, treibt sie uns an, uns zu beeilen. Während nun die Fitnessübungen im Hallenbad fürs Fernsehen »dokumentiert« werden, erfahren wir vom Chef, dass das nur eine von vielen Möglichkeiten ist, im Johannisbad etwas für Gesundheit und Wohlbefinden zu tun.

Das zu hören wäre sicher Balsam für die Seele und in den Ohren von Dr. Samuel Schlobig, dem Gründer des Bades. Der Arzt hatte 1866 den Zwickauer Archiktekten Gotthilf Ludwig Möckel mit dem Bau eines Badehauses am Ufer der Mulde beauftragt. 1869 wurde die Bade- und Therapieeinrichtung eröffnet. Zu jener Zeit war das Johannisbad die erste öffentliche Badeanstalt in dieser Größenordnung. Den Zwickauern wurden neben dem Baden und Planschen auch zahlreiche therapeutische Möglichkeiten wie Massagen, Moorbäder und Heilgymnastik geboten. Eine kleine Sensation damals! Nach Schlobigs Tod setzte die von ihm gegründete Stiftung sein Werk fort. 1904 wurde das Bad durch den Bau eines Schwimmbeckens erweitert.

Und heute? Nach einer langen Durststrecke und einem Dornröschenschlaf, während dessen der Zahn der Zeit kräftig an der Bausubstanz nagte, ist das Bad in alter Schönheit wiedererwacht. Ein aktiver Förderverein sammelte fleißig Geld, ein großer Teil der erforderlichen 13 Millionen Mark wurde aus Fördermitteln der Europäischen Union zur Verfügung gestellt. Schließlich begann ein Lichtensteiner Planungsbüro mit den Arbeiten, und im April 2000 konnte endlich »angebadet« werden. Die Zwickauer hatten ihre »Sinfonie in Weiß, Grün und Gold«, wie der rekonstruierte Jugendstilbau von einem begeisterten Badegast einmal genannt wurde, zurück! Verspielte Elemente, Messingtiere und Wasserspeier, geformte Fliesen und gusseiserne Geländer geben dem Bad wieder seine ursprüngliche Schönheit.

Aber nicht ohne moderne Technik! An dieser Stelle machen wir am besten einen Sprung ins große Becken der Schwimmhalle, dessen tiefste Stelle normalerweise zwei Meter misst. Das kann sich aber ganz schnell ändern. Binnen sechs Minuten, um es genau zu sagen. Dann verwandelt ein Hubboden die Hälfte des Beckens in ein trockenes Podest, auf dem zum Beispiel die Philharmoniker des Zwickauer Theaters Händels Wassermusik spielen. Und auch Édith Piaf ist nicht untergegangen, wie ich aus eigenem Erleben hinzufügen kann! Akkordeonistin Heidi Steger, meine Frau Astrid und ich fühlten uns bei unserem Gastspiel mit Liedern und Texten der großen französischen Schauspielerin und Chansonsängerin absolut sicher und gut aufgehoben. Eine tolle Atmosphäre und eine schöne Idee, Kultur an einem ungewöhnlichen Ort zu veranstalten. Da kann ich den Zwickauern nur gratulieren und den Kollegen Künstlern zurufen: Probiert es aus, im Johannisbad hat Wasser doch Balken!

Kurz vor 22 Uhr verlassen wir als letzte Badegäste das Haus. Nicht mehr lange, dann wird das Licht hinter den noch immer hell erleuchteten Fenstern ausgehen. Die Kerzen vom großen schmiedeeisernen Schwibbogen über der Eingangstür zum Johannisbad werden die ganze Nacht durch brennen. Schließlich sind wir im Erzgebirge, und bald ist Weihnachten …

Mein Tipp:
Was Sie auf keinen Fall versäumen sollten, ist ein Besuch im August-Horch-Museum, nicht nur ein Muss für eingefleischte Auto-Fans!

Dem Bildhauer Jo Harbort können Sie nicht nur zur Weihnachtszeit in Zwickau begegnen. Er schuf ganz zauberhafte Brunnen, zum Beispiel den Brunnen der Bierbrauer in der Katharinenstraße. Und am Schumannplatz der Muldestadt steht der Brunnen der Freundschaft.

Auch die Priesterhäuser am Domhof möchte ich Ihnen noch ans Herz legen. Sie gehören zu den ältesten Wohnbauten in Mitteldeutschland, wenn nicht sogar in Deutschland. Die Ursprünge dieses bauhistorisch wertvollen Ensembles liegen im 13. Jahrhundert. Wer sich für Mittelalter und Baugeschichte interessiert, verbringt leicht einen ganzen Tag in diesem Museum. Und stärken können Sie sich danach oder zwischendurch im historischen Brauhaus nebenan.

Robert-Schumann-Haus
    Hauptmarkt 5, 08056 Zwickau,
    Di–Fr 10–17 Uhr, Sa/So 13–17 Uhr
Johannisbad
    Johannisstraße 16, 08056 Zwickau, Öffnungszeiten und Veranstaltungshinweise unter www.johannisbad.de

August-Horch-Museum
    Audistraße 7, 08058 Zwickau,
    Di–So 9.30–17 Uhr, 1. Do im Monat bis 20 Uhr
Priesterhäuser
    Domhof 5–8, 08058 Zwickau,
    Di–So 13–18 Uhr
Tourist Information Zwickau
    Hauptstraße 6, 08056 Zwickau,
    Mo–Fr 9–18 Uhr, Sa 9–16 Uhr

Lehmstedt
REISEFÜHRER

*Übersichtliche und reich illustrierte Stadtführer
ohne überflüssigen Ballast!*

Annaberg • Augsburg • Bautzen • Bayreuth
Berlin: Charlottenburg, Friedrichshain, Kreuzberg,
Prenzlauer Berg • Bern • Dessau/Wörlitz • Dresden
Eisenach • Erfurt • Eutin • Freiberg • Freiburg
Fulda • Genf • Görlitz • Goslar • Greifswald • Halle
Hameln • Kiel • Konstanz • Landshut • Leipzig
Lübeck • Lüneburg • Magdeburg • Marburg
Meißen • Naumburg • Nürnberg • Oldenburg • Potsdam
Quedlinburg • Regensburg • Rostock • Schwerin
Stralsund • Wetzlar • Wismar • Wittenberg
Wolfenbüttel • Zürich

Weitere Titel erscheinen laufend.
Aktuelle Informationen: www.lehmstedt.de

48 Seiten, 60 Fotos, 1 Karte
ISBN 978-3-942473-26-2
4,95 Euro, 2. Auflage

48 Seiten, 60 Fotos, 1 Karte
ISBN 978-3-942473-25-5
4,95 Euro, 2. Auflage

64 Seiten, 75 Fotos, 1 Karte
ISBN 978-3-937146-93-5
4,95 Euro, 3. Auflage

48 Seiten, 60 Fotos, 1 Karte
ISBN 978-3-942473-52-1
4,95 Euro, 1. Auflage

48 Seiten, 60 Fotos, 1 Karte
ISBN 978-3-942473-05-7
4,95 Euro, 3. Auflage

64 Seiten, 75 Fotos, 1 Karte
ISBN 978-3-937146-43-0
4,95 Euro, 6. Auflage

48 Seiten, 60 Fotos, 1 Karte
ISBN 978-3-95797-031-2
4,95 Euro, 1. Auflage

48 Seiten, 60 Fotos, 1 Karte
ISBN 978-3-95797-039-8
4,95 Euro, 1. Auflage